私が私らしく生きる美学

／

松田未来

双葉社

はじめに

初めまして、松田未来と申します。私は自分の名刺に肩書きを載せていません。雑誌などに掲載していただくときはヘアメイクアップアーティストと記載することが多いのですが、ヘアやメイクの実用書ではないので、なんとなく「はじめに」では肩書きは名乗らずにいようと思いました。本書は美容を通して感じたことや、美容師として働いていた経験から学んだこと、ヘアメイクとして現場に立たせていただいて思うことを文章にしています。

私は15歳のとき、はじめて街のちょっとおしゃれな美容室でパーマをかけ、鏡に映る自分を見て、「あれ？ なんかほんのちょっと可愛くなったかも、私！」と思った経験があります。外見に少し自信がつくことで内面にまで変化が生じてきて、自分の考えや選択に少しずつ自信を持てるようになり、自分の周りにいてくれる人たちのことを前よりもっと愛することができ、自分らしい自分でいられることの楽しさや気持ちよさを知りました。

美容を通して自分を好きになれたり、自信が持てたり、希望が持てる人が一人でも増えたら、この世の中はどんなに素敵だろう。そんなことを思い、美容の世界に足を踏み入れ早16年が経ちます。

雑誌や広告のヘアメイク、コスメブランドの立ち上げ、他にはアパレルブランドとコラボレーションして洋服をつくったり、こうして執筆をしたり、ときにはラジオのパーソナリティもしたり。普段いろいろなことをさせていただいているのですが、着地点というか、世の中に還元したいことは15歳の頃からなにひとつ変わっていません。

自分を認め、自分らしく生きて、明日が楽しみになるような人生のお手伝いができるのなら、どんな形であれ、私にできることをしていきたいと思っているのです。

本書はダイアリー式に季節でカテゴライズしています。夏の終わりに感じる切なさのことは秋に、新しいことが始まるときの気持ちは、新生活をスタートする人が増える春のカテゴリーに……。ただ、前から順にとか、季節ごとに読んでほしい！という気持ちは少しもなくて、好きなように好きなところから自分の都合の良いように読んで（解釈して）いただけたら嬉しいなぁと思います。昔、実家にあった薬箱のように、必要なときに必要なものを取り入れていただけたら幸いです。

友達からの言葉のような、
先輩からの言葉のような、
姉妹からの言葉のような、
あなたを応援する者の言葉として、心にすっと入っていけたら。

悩みや夢は十人十色。

すべての人に当てはまることはないのだけれど、一章でも、一文でも、一言でも、あなたにとっての救いになる言葉があることを願っています。

I LIVE MY OWN LIFE.

Mirai Matsuda

Contents

CHAPTER ③ Spring

CHAPTER ④ Summer

September / October / November

CHAPTER ①

Autumn

涼しい風／美しい紅葉／
長袖を着る嬉しさ／葡萄、梨、
柿、新米、さんまを
ここぞとばかりに楽しむ

September

Beauty

チャームポイントを知れば、幸せの連鎖が起こる

「あなたのチャームポイントは？」と聞かれて、すぐ答えられる人に魅力を感じる。チャームポイントの見つけ方には、人それぞれきっかけとなるエピソードがある気がする。私のチャームポイントのひとつは〝デコルテ〟。襟もとの開いた服を着ていると、男女を問わずデコルテをよく褒められた。それからは、貴重な長所を伸ばそうとケアを念入りにするようになり、服を選ぶときはデコルテが活きるデザインのものがベースとなった。最近では出し惜しみするように、あえてデコルテが隠れる服を着たりもする。隠れていてもチャームポイントには変わりがないから。人にどう思われても、見えていなくても、自分の絶対的チャームポイントを認識していたら心強い。

　美容師をしていた頃、「自分の髪質を好きになってもらえたらな」と思っていたが、話しているとほとんどの女性は髪質に不満を持っていた。産毛までカールしている癖っ毛を褒めると、「雨の日は大変なの」と返ってくるし、サラサラで少女のような髪質を褒めると、「巻いてもすぐにとれちゃうし」と言う。そもそもパーフェクトってなんなんだろう。みんなパーフェクトであってパーフェクトでないような気もする。それなら、**持って生まれた体の中からお気に入りのパーツを見つけて、活かして生きていく方が賢明だ。**そうすると、いつしか自分がお気に入りのパーツだらけで成り立っていることに気付くだろう。

　自分のチャームポイントをたくさん見つけられるようになったら、人のチャームポイントを見つけるのも上手くなる。相手のチャームポイントを見つけてあげたら、その人も自分の好きなところが増えていく。なんて幸せなサイクルなんだろう。

September

Love

自信とちょっとした覚悟があれば、恋も仕事も上手くいく

「もし自分が男だったら、自分と付き合ってみたい？」と聞かれたら、「ＹＥＳ！」と即答できる女性はどれくらいいるのだろう。「ＮＯ！」と答えたり、考え込んでしまうという人に別の質問をしたい。「なにがなんでも君を楽しませてあげるよ！」という心持ちの男性と「僕なんて全然つまらない人間だから」と自嘲する男性。どちらが魅力的だろうか？　ほとんどの女性は、前者を選ぶだろう。両者の違いはルックスでも経済力でもなく、自信と覚悟の差である。これは男女を問わず言えることだと思う。

　自信があるといっても、「私って可愛いでしょ？」、「有名企業に勤めているの。すごいでしょ？」とか、そういう容姿や置かれた環境の話ではなく、「私と一緒にいたら楽しいよ」、「幸せにしてあげるよ」、「辛いことがあったら、一緒に乗り越えよう！」みたいな、これから起こるすべてを受け入れようとする覚悟を持った自信のこと。恋愛だけじゃない。仕事だって同じこと。「私と仕事をしたら、楽しいアイデアを提供しますよ」、「私と携わることで良い成果を生み出します」、そんな心持ちの人と仕事がしたいもの。なぜなら、そういう人たちは、**なにがなんでも、「携わる人を幸せにしよう」と努めるから。**恋も仕事も、自分を信じることから始まる。もし自分よりも先に、相手が信じてくれることから始まったとしたら、それは、よっぽど恵まれたケースだと思った方が良いだろう。

「自信と覚悟」。それは、「私だったら大丈夫！」そう思える感覚のこと。例えばひとつの恋が終わるとき、または長年寄り添い歳を重ね、いつか振り返ったときに「すごく良い

時間だったなぁ」、「この人と一緒になれて本当に良かった」。そう思えるよう、覚悟を持って楽しめば良い。仕事だって同じ。あと何十年か経ち自分の仕事を振り返ったときも、「本当に天職だったなぁ」そう思えるよう、覚悟を持って努めれば良い。そんな風に自信と覚悟を持って人や物事と向き合いたい。なぜなら恋人には付き合っているときはもちろん、たとえ別れたとしても、ずっと幸せでいてほしいし、仕事だって携わる人たちの喜ぶ顔が見たいから。人生の壁にぶつかったとき、「どうしよう」、「私ってダメだ……」と不安になったり自信をなくしたりする必要はない。

　自分のしたいようにすれば良いと私は思う。自信とちょっとした覚悟があれば、どんな人でも必ず輝けるはずだから。

September

Beauty

〝似合わない〟の思い込みを手放す

「ショートヘアって可愛いけど、絶対に似合わないんだよね」

「伸ばしてみたいけど、ロングヘアにしたら評判が悪くて」

ヘアスタイルに対する〝思い込み〟は、女性の深層心理に深く根づいているように思う。美容師をしていたとき、その〝思い込み〟という名の呪縛を解くのが楽しかった。はっきり言って、似合わないレングス（長さ）なんてない。似合う、似合わない〝髪型〟があるのは確かだけれど、レングスは関係ない。だから、**やってみたいけど〝似合わないと思っているレングス〟には挑戦する価値があると思う。**

ショートヘアでも、明るめのベージュ系なのか落ち着いたブラウン系なのか、はたまた黒なのか。襟足を短くする？　ボブに近いシルエットにしてみる？　パーマで動きをつける？　それだけで印象はずいぶんと違って見えるだろう。ショートヘアと一口に言っても、髪型のバリエーションは無限にある。〝ショートヘアが似合わない〟と思い込んでいる人にも〝似合うショートヘア〟は存在するのだ。

メイクアップも同じこと。似合わない色なんて絶対にない。赤リップなら、ブラウンがかった赤、パープル寄りの赤、透け感のある赤、マットな赤など、豊富にある色味や質感のバリエーションの中に、〝似合う赤〟が必ずある。失敗したと感じることがあっても、自分に似合う〝〇〇な赤〟があると信じて、根気よく探せば良い。〝思い込み〟の呪縛から解放されたら、恋も仕事も毎日のメイクも、そして人生だって一歩前に進めると、私はずっと信じている。

September

Mind

２０２０年パンデミックが起きて思ったこと

２０２０年。全世界で起こったコロナパンデミック。もともと家にいる時間が少なかった私（子どもの頃から習い事に部活、高校生になってからはアルバイトに明け暮れ、11年勤めたヘアサロンでは朝から深夜まで過ごし、ヘアメイクとして独立してからも、世間が寝静まっている時間にロケバスに乗り込んだり）が、こんなにも長く家にいることが、はじめのうちはとても不思議だった。日をまたぐ前に就寝し、朝は6時頃に起きてヨガのオンラインレッスンを受ける。グリーンや花を積極的に取り入れ、こまめに世話をする。24時間いる空間は、常に気持ちのよい空気が流れていてほしいから、掃除や片付けを丁寧にする。フリーランスで仕事をしているので、経済的に守られていない分、大好きな仕事を続けられるように、仕事のやり方を見直した。情報を発信する仕事をしているのに、外出ができないせいで、インプットが上手くできずもどかしかった。こんなときだからこそ、Ｓｔａｙ ｈｏｍｅのお供になる楽しい物事を提供したいのに、私自身も不安に押しつぶされそうになりながら過ごしていた時期は、それができず涙が出るほど悔しかった。

あるとき、不安であること、嬉しい気持ちになったこと、悲しい気持ちになったことをＳＮＳで発信してみた。友人には弱音を吐くこともあるが、ＳＮＳでは、「教えてください！」や、ときに「憧れです！」なんて言ってくださる方もいるから、「私は助ける立場であり、みんなの期待に応えなくちゃいけない」なんて勝手に思い込んでしまっていたのかもしれない（文字に書くと「何様？」感が、出ちゃいましたね、すみません）。けれど、「私も人間だ！」と思い直し、ＳＮＳで、分からないことは分からない、悲しいことは悲しいと、素直になったことで、「大丈夫ですよ」とか、「人間らしくて好きです」など、みんながまるっと受け入れてくれとても救われた。恩返しがしたいと強く思えたし、絆が深まった気がした。いちばん辛い時期だったけれど、とても貴重な時間になった。

　この先、歳を重ねたとき、どんな暮らしをしていたいか、どんな人たちと一緒にいたいか、どんな自分でいたいかを考えた。実は、パンデミックが起こる少し前、その1年くらい前から、時間の使い方について考えようと思っていた。どんな暮らしが理想（自分にとって心地よい）かを分かっているのと、分かっていないのとでは、〝今〟の選択が変わってくる気がしたからだ。自分がなにに幸せを感じるのか。本当はなにをして過ごしたいのか。自粛期間中、改めてそこに向き合えた気がした。いや、向き合う必要があったから、必然的に時間ができたような気さえもしている。そこで出た答えは、5年後、10年後と時間が経つにつれ変わっていくかもしれない。けれど、今の私の理想は見えた。着地点が見えると、自ずとそこに向かって道ができるもの。行き先が不透明だと、道を選ぶことがしっくりこなくて心がぐらつくだろう。**だけどもう大丈夫。どんなことが起きても、私は私の幸せを知っている。**日々に感謝しながら、ときに回り道もしながら、幸せな未来を膨らませていけたら良いなと思う。

October

Mind

心のゆらぎは人を美しくする

季節の変わり目。〝ゆらぎ肌〟という言葉が存在するくらい、肌も体も影響を受ける。そして、心もゆらぐ。とくに秋は、妙に切なくなったり、考え込んだり、人に対して優しさが足りていないなとか、自分の未熟さに、弱気になったりするときがある。そう、〝センチメンタル〟がやってくるのだ。

その最中《さなか》にいると、余裕をなくしたり、辛い気持ちになったり、いつものように元気いっぱいでいられなかったりするのだけれど、その〝心のゆらぎ〟って、すごく大切なのかもしれない。それがあるから、人にも自分にも優しくなれる。欲しいもの足りないものより、今、あるものに目を向けられる。**季節のうつろいとともに、みんなゆらぎながら、心が大人になっていく。**切なく悲しい気持ちや出来事は、長い目で見ると必要なタイミングで必要な分だけやって来る。誰も傷つけず、優しい自分を取り戻せるのなら、ときおり訪れる〝心のゆらぎ〟はありがたいこと。心が敏感だからこそ分かる人の気持ちもある。人の優しさが胸に沁みる経験をするから、人に優しくできる。心が鈍感な状態だと、きっと〝うわべ〟だけの優しさになってしまうから。

心がゆらいで、弱っている自分も良い。季節の変わり目に訪れる切ない気持ちも、抵抗するのではなく、身を任せたって良い。そんなに焦らなくたって良いのだ。と心の底から思えたとき、人はまたひとつ貴重な経験をし、美しい人になれるような気がする。

October

Mind

他人と比べない私になるために

「つい他人と比べてしまう」。そんな声を聞くことがある。他人と比べて良い方向に進むなら良いけれど、落ち込んでしまうのなら、比べる必要なんてないと思う。他人と比べない人は〝いま〟自分がやるべきことに一生懸命で、他人と比べて落ち込んでいるヒマなんてない。仕事ができる同僚と比べて落ち込むより、どうすれば自分もそうなれるかに集中する。美脚のあの子と比べて落ち込むより、あらゆる努力をする。

　そもそも、他人と比べたところで相手は相手で努力していたり、悩みを抱えていたり、本人じゃないと分からないことはたくさんある。周りからみて、その人のすべてなんて分からないもの。他人と比べて落ち込むとき、それは、今の自分や環境に、感謝しきれていないときだったりもする。他人をバロメーターにしていては、目標が曖昧だ。自分史上最高を目指す方が、目標が明確。1年前の自分より、昨日の自分より、今の自分の方が少しでも綺麗になっていたいし、少しでも賢くなっていたい。少しでも優しくなっていたい。そのためには、他人にどう思われるかよりも自分がどうしたいかが大切だと思う。他人軸で生きていると、常に不安がつきまとうけれど、「私はどうしたいのか？」と尋ねながら自分軸で生きていると、納得した道を歩ける気がする。自分がどんなときに嬉しいと感じ、どんなことに悲しいと思うのか。自分を知るだけではなく、常に変化していくことも受け止める。そうすると、どんな人生を生きたいのかがだんだん見えてくる。**自分の人生なのだから、人生も運も自分でクリエイションしたい。そう思うとなんだかワクワクするし、楽しんでいる人には誰も勝てない。**そして、そこに集中して生きていると、他人と比べる

ことをすっかり忘れている自分がいるに違いない。

隣の芝生は青い。指をくわえて羨ましがったり落ち込んだりしている人生と、やるべきこと、やりたいことにチャレンジして、明日の自分、来年の自分にワクワクしている人生。どちらを歩みたいだろうか。「他人と比べてはいけない」。そう言われるとつい比べてしまうかもしれないけれど、比べることを忘れるくらい自分に集中する方が、ラクになれるし、なにより楽しい！　すっきりとした顔をして〝私のこれから〟の作戦を立ててみてほしい。

October

Mind

毎日を楽しく生きる、
〝切り替え上手〟になるためには

なんだかモヤモヤするとき、わけもなく不安に駆られてしまうとき、空回りしてしまって居心地が悪いとき。いつ、どんなときも、つまずかずスムーズに人生を歩ける人なんていない。とはいえ、できるだけ、そんな状況は避けて通りたいもの。

日々訪れる、このプチスランプに巻き込まれ、何日も調子が出ない人もいる中、負の流れを上手にかわしている人もいる。それは器用、不器用という話ではなく、自分の取り扱いを知っているかどうかだと思う。〝心から〟気分転換できる方法を知っている人は、プチスランプに陥ったとき、そのパワーを発揮する。形だけの〝気分転換っぽいこと〟ではなく、〝心から〟気持ちをリセットできる方法を知ることが大切なのだ。いつ訪れるか分からないチャンスだって、冴えない状態では掴めるものも掴めない。

私の場合、いつもハッピーな友人からもらったバスソルトを入れて湯船に浸かる（時間のないときは足湯に）と、塩の浄化パワーというのもあるけれど、その友人との楽しい時間を思い出して心がふっと軽くなる。他には部屋の一角でも良いから徹底的にきれいに磨き上げるとか、元気をくれる友人に電話やメールをしてみる。時間があれば自然に触れられる場所へ出かけたり、いつも心癒やされるおもてなしをしてくれるご飯屋さんに行ってみたり、好きな本を読んだり映画を観てみたり……。**調子の良いときや楽しいときの〝優しい自分〟を思い出せるようなアクションをとってみる。**

みんなつまずきながら生きている。たとえつまずいたとしても、すぐに立ち上がってスキップしながら次の瞬間へ進めばいい。自分だけのリセット方法、つまり自分の取り扱いを知ってさえいれば、ちょっとくらいつまずいたって平気なのだ。

October

Life

猫と暮らすこと

8年前の夏、ゲリラ豪雨の翌日に大きな声で鳴いている仔猫と出会った。オレンジ色の毛並みに茶色のトラ柄。焼き菓子のマドレーヌそのものだったので、マドレーヌと名付けた（男の子ですが）。マドレーヌ（通称マド）と暮らし始めるまで猫と暮らしたことがなかったので、生活も考え方も１８０度とまではいかないけれど、１４５度くらいは変わったと思う。マドとは、親子でもないし恋人という感じでもない。ルームメイトという感じかなとしばらく思っていたけれど、今では親友というか、双子というか、そんな関係だと私は思っている。マドにはたくさんの大切なことを教えてもらった気がする。

マドは、8歳の今も仔猫のようにやんちゃで甘えん坊な性格。スーパーボールのように走り回ってはご飯をもりもり食べる。最初は、物を出しっぱなしにしているとすべてが遊び道具になって、大事な資料であろうと大切な服であろうと、噛まれてボロボロになってしまっていた。ショックもあるけれど、誤飲していないかの方が心配だから、それ以降、物を出しっぱなしにして危険予測ができていなかった自分を悔やみ、気をつけるようになった。お気に入りの家具だって爪を研いでボロボロになる。けれど怒っても仕方がない。それより、そこで爪を研がないよう新しく爪研ぎ場所を準備したり、一緒に遊んであげられなくて寂しかったのかなと思って、ゆったり一緒の時間を過ごしたり。または家具のボロボロ化はあきらめたり（笑）。

猫と暮らすことは、楽しいことがいっぱいだし、いない暮らしなんて考えられない。私はマドと一緒に暮らせて本当に幸せだ。自分の命より大切な存在がこの世にいること。言葉は交わせなくても、辛いときも嬉しいときも一緒に過ごしてきたから、こんなに波長の合う人（猫）って、なかなかいないとさえ思う。そして、猫という生き物は自分の気持ちに素直でおもしろい。機嫌をうかがったり、媚《こ》びたり、愛想を良くしたりなんてまったくしない。気分が乗らないと呼んでも来ないし、振り向きもしない。嫌なことをされたら噛むし、嬉しかったらノドを鳴らす。そうやって素直でいてくれるから、マドがなにをされるのが好きで、どんなことが嫌なのか、一緒にいる時間が長くなればなるほど分かってくる。それは人間も同じだと思う。好きじゃないのに笑みを見せ、嬉しい言葉を謙遜して受け取らなかったりしていたら、周りにいる人たちはあなたのことが分からないだろう。

猫と暮らすことで、自分にできる最善を尽くすための思考回路が鍛えられたし、チャーミングな人とはどんな人なのか知ることができた。**不思議だけど、私はより人間らしくなった気がするし、小さなことにも幸せを感じられるようになった。**マドと出会わなければ、今の私はきっといない。マドがおじいさんになったとき、この家の子になって幸せだったなぁと思ってくれたら嬉しいな。マド、心ある人に私を育ててくれてありがとう。

November

Fashion

〝おしゃれな人〟とは自分の魅せ方を知っている人

「おしゃれ」。普段当たり前のように使っている言葉だが、本当の意味はなんだろう。辞書を引いてみると、「気の利いた服装、化粧やポーズに心掛けること」とあった。想像していたよりなんだか深い。

確かに、年齢を重ねるごとに「あの人、おしゃれだよね」の基準は変わる。20代の前半までは、顔、服、髪型などルックスだけでなんとなく「あの人、おしゃれだよね」が作られていた気がするけれど、そこにマインドが滲《にじ》み出てくる20代後半以降になってくると、〝味〟のある人が素敵に思えてくる。ブランドに頼らず、自分の魅せ方を分かっているスタイリングを楽しんでいたり、メイクもバランスを考えている人を見ると、おしゃれだなぁと思う。表面だけの〝おしゃれ〟は、心に深く焼き付かないのかもしれない。

そして「ポーズ」という言葉。それは、姿勢とも立ち居振る舞いとも取れるし、〝粋《いき》〟とも言い換えられる気がする。気の利いた言葉を発する人や、その人の生き方に触れたりすると、「おしゃれだよね」と思ったりするものだ。粋な女性は、自分をよく知っているし、自分を綺麗に魅せてくれるものを好んで選んでいる。そこに、「なんでも良い」は存在しない。自分が選んだものだけで私たちはできている。肌ざわりの良いランジェリーにシルエットが美しいワンピース。華やかなジュエリーに、自分らしさをくれるリップ。気分を上げてくれないものを、纏《まと》う必要はどこにあるのだろう？ 私を美しく魅せてくれて、楽しい気分にさせてくれて自信を持たせてくれる。**そんなアイテムたちは、〝チームワタシ〟のメンバーだ。**そう思うと、身に纏うものひとつひとつが愛おしく思えてくる。すべては、私を私らしくいさせてくれるために存在するのだ。

November

Life

一人の時間

実は一人で過ごすのが少し苦手だった。周りから（ＳＮＳを見てくださっている方も含め）は、一人の時間が好きそうと言われることが多い。ＳＮＳで投稿するものに人の気配があんまりなかったからだと思うけれど、それは誰かといるときに、あまりスマホを触らないから自ずと写真を撮る機会が少なくて投稿していないだけだった。

今までずっと、一人より人と過ごす時間が好きだと思っていた。けれど緊急事態宣言中、やむを得ず一人で過ごすことになって、いかに家を心地よい場所にするかを極《きわ》めていったり、植物と触れ合ったりしていると、「一人の時間も楽しいかも」と思えるようになった。ベランダにある植物たちは水をあげると応えてくれるし、掃除をしたら部屋だって綺麗になる。健康のことを考えながら食事を作り、運動すると心も体も変わってくる。一人だけど一人じゃないような感覚。**そうして一人の時間を楽しめるようになると、二人の時間、みんなといる時間もますます自分らしくいられる気がした。**

家で執筆しているときも、ふと隣の部屋を覗くと、お腹を天井に向けてくつろぐマドがいる。猫は一人の時間を過ごすのが上手い。家に撮影スタッフがたくさん来ても、おかまいなしで、マイペースに過ごしている。マドのようにではないけれど、一人の時間を受け入れて、自分を満たしてあげることで、一人じゃないときの自分の在り方が変わってくる。誰といるときもどんなことをしていても、私は私らしく振る舞いたい。

November

Life

人となりが表れる。言葉が品性を生む

誰かと話すとき、なるべく相手が気持ちよく過ごせる言葉遣《づか》いを心がけている。そうすると、たとえ上手く話せなかったとしても、自ずと発する言葉に、角がなくなるから。

以前カフェで、近くの席からぞんざいな言葉を使う女性の声が聞こえてきたことがある。何気なくそちらに視線を送ると、キレイな人だったので、なんだか違和感を抱いてしまった。「どんなときも正しく、綺麗な言葉遣いを心がけましょう」なんて押し付けるつもり

はないけれど、美しい言葉遣いがさらりとできる女性は、魅力的だと思うのだ。丁寧に物を扱える人に品の良さを感じるのと同じように、美しい言い回しが嫌味なくできる人は、色っぽく感じられる。〝選ぶ言葉〟は、ダイレクトに他人に響く。そんな素敵な人になりたいのなら、見た目よりも**まずは発する言葉を大切にした方が良いと思う。**

私が習っていた字のお稽古の先生に「あなたは、どんな字を書きたいの?」と問われたとき、私はこう答えた。「『この字の主は、きっと綺麗で上品、色気のあるいい女なんだろうな』という印象が残る字を書きたい」と。いつか理想の字を習得するときには、少しでもその女性像に近づいていればいいなという期待も込めて。字や、使う言葉は、他人が自分を想像する大きな材料となる。他人《ひと》は驚くほどに、話し方や使う言葉で、相手の印象を決める。〝発する言葉を選ぶ〟ということに意識を置いて、自分の気持ちを偽らず、相手にも一緒に嬉しくなってもらえるような、気持ちの良い言葉を伝えたい（ときにぶっきらぼうな言い方をしてしまい、まだまだ反省することも多いけれど……）。

「ありがとう」、「楽しい」、「あなたのことをもっと知りたい」、などといった好意の気持ちは、なにも気の利いた言葉で伝えなくても、その優しくて柔らかい気持ちは言葉に表れるし、相手に伝わる。とはいえ、語彙《ごい》力は豊かである方が良い。そのためには、美しい言葉を知っている人と話すことや、たくさん本を読むことが近道な気がする。言葉は、目には見えないけれど、人となりが表れる。誠実で優しい言葉を使う女性。口もとから漂う品性が、凜とした美しさを生むのだと思う。

November

Beauty

料理のその先にあるもの

人間にとって欠かせないこと。それは食べること。食べ物には旬がある。旬な食材は栄養価が高いうえに、安く手に入ったりもする。それに、季節の食べ物を味わうことは自然と共存している気がして、四季があるこの国で暮らしている特権のようにも思う。秋の訪れを感じる涼しい朝には、サツマイモの温かいポタージュが飲みたくなるし、真冬の凍えるような寒い夜には、根菜たっぷりの豚汁（ちょっとだけ白味噌も入れて少し甘みを出すのも良い）で体を芯から温めたい。冬の終わりに訪れるレストランでは春キャベツや新玉ねぎの名前が入ったメニューを選びたくなるし、スイカを目にする機会が増えてくると夏が始まった気がしてワクワクする。そうやって人は無意識に〝旬〟を欲するのだ。

食のマイルール。堅苦しい決まりはないけれど、お腹を満たすためだけの食事はしないと心に誓っている。私はいつも食べる物や飲む物を選ぶとき〝私を綺麗にしてくれる、または潤わせてくれるもの〟を選ぶようにしている。空腹がゆえに迷ったときも、この基準があると食べたあとに後悔しないチョイスができる。季節の食材は、健康にも美容にも良いうえに美味しい。身体だけでなく気持ちも潤わせてくれる。**美味しいうえに、綺麗になれるなんて、選ばない理由はない。**

そして料理には想像力が詰まっている。外食や手料理をいただくときに舌触りが良くなるようにひと手間加えられた具材の切り方に心がじわっと温まる。食べやすいようにという気遣いに嬉しくなる。料理を通して思いやりを感じたことがあるならば、今度は自分が誰かを料理で労《いたわ》ってみるのも良い。疲れている家族にはぐっすり眠れるようにと煮込み料

理にワインを使ったり、連日外食続きのときは「胃が弱っているかな?」と出汁をきかせた雑炊や出汁茶漬けをふるまってみたり。必ずしも難しいことや時間をかけることだけが思いやりというわけではない。少しの優しい想像力が含まれていれば良いのだ。

また、時間はかかるけど、じっくり煮込むことで美味しくなるものや、前夜から準備がいるものにしか出せない美味しさというのもある。時短料理を否定するわけではないけれど、このことを念頭に置いておくだけで料理と仲良くなれる気がするのだ。料理には、想像力が必要不可欠。もちろん生きていくうえでも。想像力が欠けていると、人の優しさに気付けない。人の想いや気持ちを汲み取れる人でありたいから、料理や芸術の他、美しい自然に触れたり、日々の暮らしから想像力を豊かにしていけたらと思う。そう考えると、料理をすることはいろんな〝気付き〟を得られる絶好のチャンスなのだ。料理は、身近にいる人を大切に思いやれる優しい行動。まるで〝優しい気持ち〟をお皿に乗せるように。

Column
N°1

Kitchen

【キッチン】

料理は、自分と向き合うための
大切な時間。そんな料理の
楽しみを高めてくれるのは、
一点もののお皿や使うたびに味わいが
増すお気に入りの調理道具。

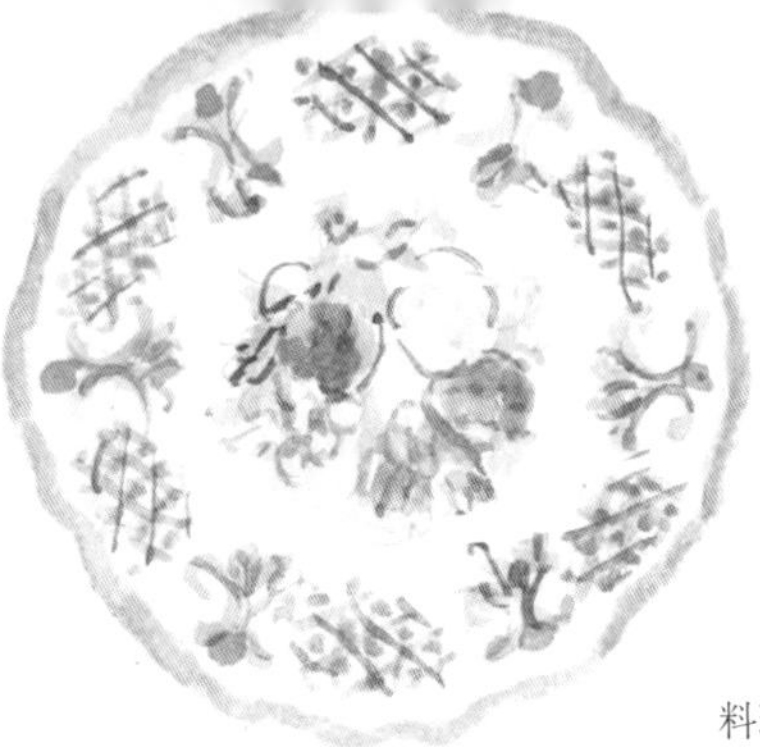

01

イタリア食材店「ピアッティ」で購入したプレート

「南イタリアらしいカラフルな柄に惹かれて。南の島ならではの魚料理や柑橘を使った料理などが並ぶ、シチリアレストランの賑やかな空気感が大好き！」

02

カフェオレボウル

「10年以上前に雑貨屋で購入。おそらくフランス領だった頃のベトナムのものかも？　丼ぶり茶碗として、フォーや素麺などの麺料理に使ってます」

03

竹村良訓さんのマグカップ

「eatrip soilで見つけた瞬間、私好みの色使いに惹かれて迷わず購入しました。ホットコーヒーや、白湯を飲むときにちょうど良い」

04

アスティエ・ド・ヴィラットのグラス

「デイリーに使えるベーシックなワイングラス。朝起きて水を飲むときに使うグラスに、上質なものが欲しくて、やっと見つけたお気に入り」

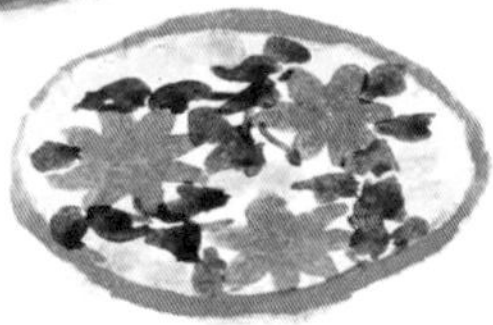

05

Charritaの展示会で購入したプレート

「メキシコヴィンテージのお皿は意外とどんな料理にも合う。パスタはもちろん韓国料理にも！　ナッツやクッキーなどおやつをのせても可愛い」

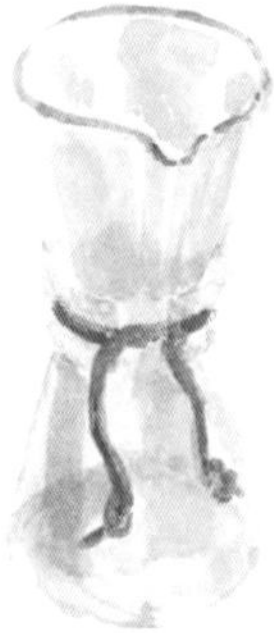

06

CHEMEXのコーヒーメーカー

「手軽においしいコーヒーが飲めるのが魅力。飾らない見た目と、使いやすさに惚れてなんと5代目！（仔猫時代のマドや私の不注意により……）」

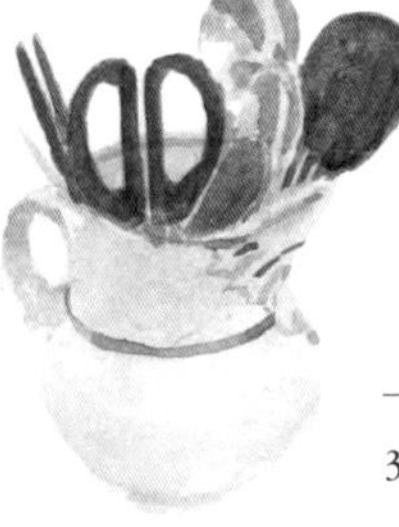

07

フランスヴィンテージのピッチャー

「eatripで行われたパリ在住のフードライター川村明子さんの来日イベントで購入。口が広いのでさい箸やおたまなど細かい調理道具を入れるのに最適」

08

STAUBの鍋

「お米を炊いたり、煮込みや蒸し料理をするときも欠かせません。料理家サルボ恭子さんの、ストウブを使った家庭料理はよく参考にしています」

Column
N°2

Interior
【インテリア】

心が休まる気持ちいい部屋づくりの
要でもあるインテリアは、
飾らないユニセックスなものを。
長く使うことで素材の
“味”が生きてくるナチュラルな
ものに惹かれます。

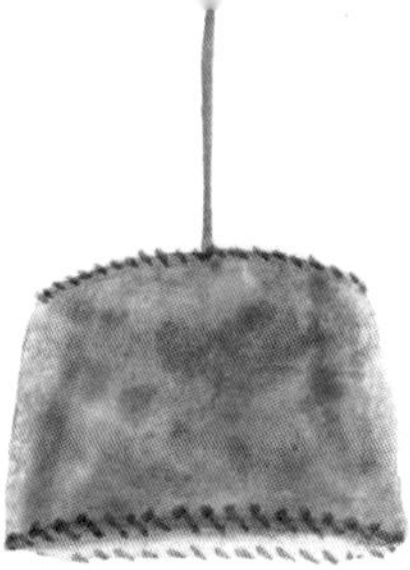

01

トラックファニチャーの照明

「シンプルな見た目とレザーの味わい深さが気に入りネットで購入。好きなものがハッキリしているから、インテリアのような大物もネットで買うことも」

02

Calvin Kleinのベッドリネン

「昔から寝具はずっと白。Calvin Kleinのベッドリネンは、肌触りが良くて気持ちよい。もっと広い部屋に越したら柄や色ものに挑戦してみたい気もする」

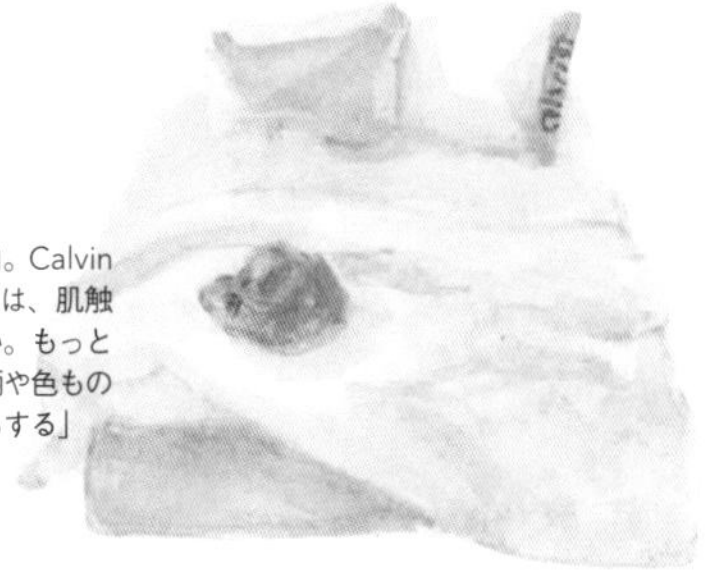

04

KANSAI NOGUCHIとCharritaで買ったフラワーベース

「wholeで出会ったKANSAI NOGUCHIの花器は、土の色を活かしたナチュラルな風合いが好き。花柄の方はメキシコの100年くらい前のヴィンテージ」

03

The Little Shop of Flowersの鉢と植物

「小さな鉢には、バジル、ローズマリー、セージ、イタリアンパセリなどのハーブと、プチトマトや大葉を。アジアンタムが映える大きな鉢はひと目惚れ！」

05

トラックファニチャーのソファとA.P.C.のクッションカバー

「ユニセックスな風合いと贅沢な座り心地がお気に入り。クッションカバーは、もう何年も好みの色を探し求めていたA.P.C.のキルトコレクション」

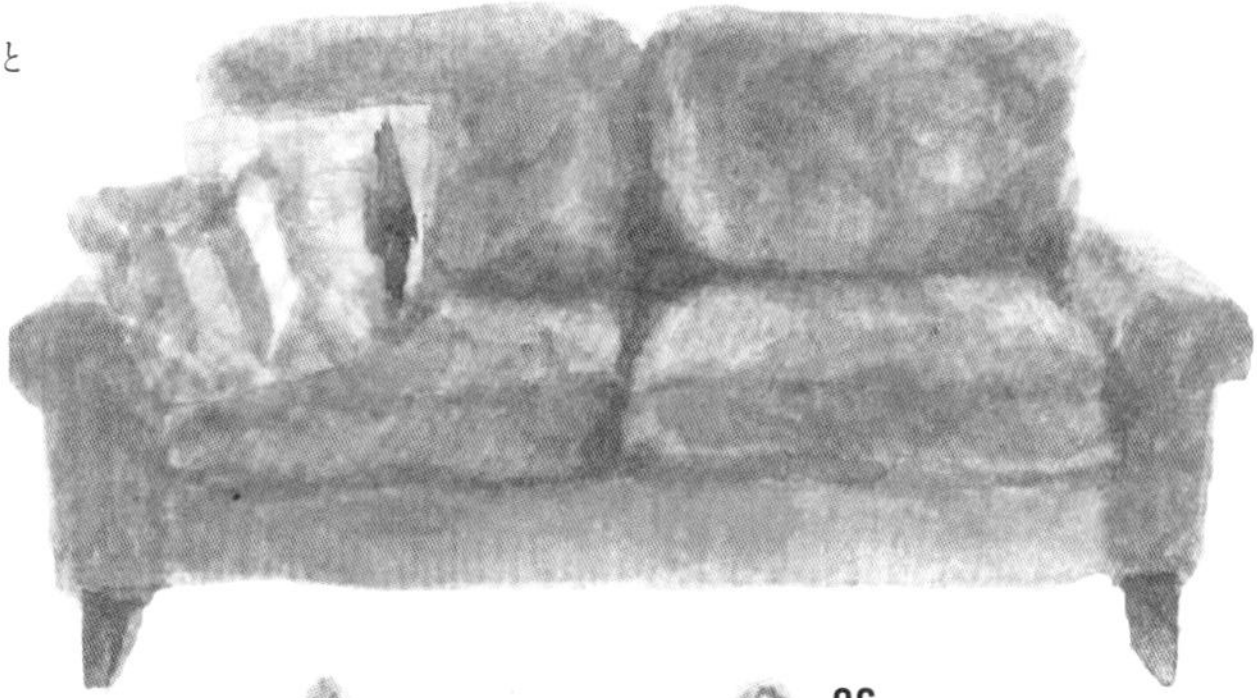

07

ABYSS & HABIDECORのタオル

「柔らかくてボリューミー。繰り返し使ってもくたびれないので、バスタオルやハンドタオルなど、サイズ違いでそろえてます。ネットやBIOTOPで購入」

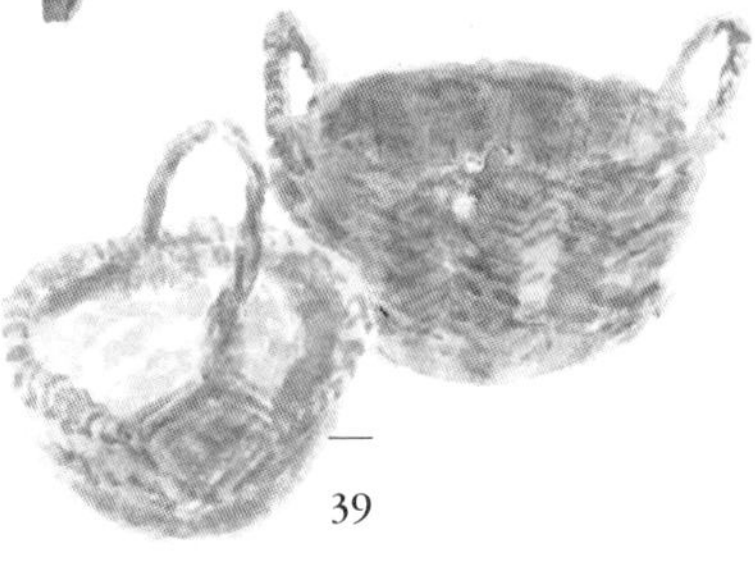

06

Found MUJIと南フランス「かご祭り」のPOPUPで購入したかご

「ブランケットやパジャマ、靴下を入れたり（たまにマドが入ってますが（笑））、収納用として使っています。インテリア小物としても活用！」

December / January / February

CHAPTER ②

Winter

冷たく凛とした空気／
毛布の中の至福／熱々の
ホットチョコレート／ニットに
似合う香水に変える

December

Beauty

魅力的な人は〝素敵な自分〟になれる香りを知っている

「香り」。もしかしたら、ファッションより印象に残るかもしれない。「私はこれ！」という香りを見つけると、どんな状況でも自信を持って振る舞うことができる。それに、午前中は軽やかな印象の香り、ディナーには上品で艶っぽい香り、アクティブに遊ぶ日はユニセックスな香りと、**さまざまなシーンごとに、自分が心地よいと感じる香りを知っていると心強いし、粋《いき》だと思う。**緊張しているときに嗅ぐと落ち着く香りや、自信が持てる香り、気持ちがシャキッとする香り、自分がその時々でリラックスできる香りを知っていると気分のコンディションがかなり変わってくるはず。

そう、香りを知ることは〝自分〟を知ること。どんな状況でも、自分をコントロールできる術を知っている女性は、いい女だと思う。

昔、恋人に「この前、未来と似た香りの人が前にいてドキッとしたよ」と言われたことがある。きっと、毎晩寝る前につけていた「Ａēｓｏｐ」のボディクリームの香りがしたんだと思う。もうずいぶんと昔のことなので、彼は今、私のヘアスタイルや洋服ははっきりと覚えていないだろう。けれど、その〝香り〟はもしかしたら今も覚えているかもしれない。

寝る前に塗ったボディクリームの香り、部屋で焚くアロマの香り、クローゼットに眠らせているサシェの香り、出かける前につけた香水の香り。**それらが少しずつ混ざって、自分らしいどこにも売っていない素敵な香りができあがるのだと思う。**すべての香りは、自ら好きだと感じ、自らの手で選んだものだから。魅力的だと思う人は〝自分の味方をしてくれる香り〟を側に置いている。

ルーティンを持たない選択

モーニングルーティン、ナイトルーティンが見たい。ＹｏｕＴｕｂｅをやっているからか、そんなお声がけをいただく機会が、ありがたいことに度々ある。私はルーティンが定まっていない。融通が利かない性格だから、見せかけのルーティンを紹介するのも違和感があるし、結局お引き受けできずにいる。

職業柄、毎日決まった出勤時間があるわけではないというのも理由のひとつかもしれないが、きっちりしたルーティンを私はひとつも持っていない。それはスキンケアに関しても同じ。ヘアメイクの仕事をしているので、スキンケアのルーティンを見たいと言っていただくこともあるのだが、お断りさせていただいている。では、決まったスキンケアの流れがないのにどうしているかというと、その日の朝、鏡を見たときに自分の肌と向き合ってから考える。毛穴が気になるようだったらスクラブを使ったり、ハリがほしかったらフェイスマスクを使ったり、赤みが気になったのならバームで洗う。夜だって、その日のメイクや調子によって、毎回スキンケア法を選んでいる。メイクもそう。ファンデーションをつけない日もあれば、下地を３つ重ねる日もあるし、アイラインを引かない日もある。ビューラーをしない日もあれば、ビューラーの次に、ホットビューラーまでする日もある。

その日、どんな自分でいたいかをその都度探るのだ。そして今どんな調子なのか、肌、体、心と向き合って選択をする。それに、無意識に作業として流れていくのが、なんだか寂しいという思いもあるのかもしれない。効率は良くないかもしれないが、毎回自問し、心の声に寄り添うことで、自分を知ることができる気がする。〝今の自分〟に興味を持つこと。

そう、私がルーティンを持たずにいるのは、私自身をより知っていくためなんだと思う。

December

Beauty

女は、ランジェリーひとつで輝きが増す

最近、見えないものの力の方が大きいんじゃないかと思うことがよくある。それは、スピリチュアルな話ではなく、自信だったり、気持ちだったり、そういった類《たぐい》のものだ。まっさらなランジェリーを身につけた日は、新鮮な気持ちになれるし、いつもより上質なランジェリーを身につけた日は、背筋がシャンと伸びて、心なしか堂々と振る舞える気がする。こんなにも身につけるだけで気持ちが高まって、自信を与えてくれるものってなかなかないと思う。それなのに他人からは決して見えないなんて！

素敵なランジェリーを身につけると、今度はそれに似合う体になるよう、ウエストを絞りたくなったり、バストの質感を上げるためマッサージをしたり。ちょっぴりセクシーなランジェリーをつけた日なんて、自然と所作も女らしく、色っぽくなったりもする。いつもと変わらない服を着ていて、いつもと変わらないメイクをしていても、きっと纏《まと》う空気が違うはず。

まずはひとつ、とっておきのお気に入りを探して身につけてみよう。ランジェリーが持つ〝美のパワー〟を知ったら、そこから、少しずつレパートリーを増やしていく。そして、いつか毎日を〝特別なランジェリー〟で過ごせたら最高！「見えないからなんでもいい」なんて、とてももったいないこと。**見えないからこそ与えてくれる〝美のパワー〟は絶大なのだ。**

December

Love

自分を幸せにする選択をできる私でいること

女同士が集まって恋愛の話になると、決まって出てくるワード、「出会いがない」。おそらく出会いはあるけれど、出会いと捉えていないのか、もしくは〝良い〟出会いがないか。そのどちらかだと私は思う。会社、通勤電車、カフェ、ＳＮＳ、美術館やイベントなど男性との出会いなんて、日常に溢れている。だけど「出会いがない」と口にするのは、〝素敵だと思える男性〟がいないと感じているからではないだろうか。出会う男性すべてに問題があるとは言いがたい。「はぁ、私ってダメだな」と、ため息をついているときって、同じくネガティブな心境の人を引き寄せる。心が健康な状態ではないとき、ハッピーな出会いが向こうからやってくる可能性は極めて低い。心が不健康なときは、振る舞いも自分らしくなかったり、いろんな判断が自分らしくできないからだと思う。

一方で、自分のことをきちんと信じてあげられて、**心穏やかな状態であれば、自ずと〝自分を幸せにする〟選択ができる。**「なんとなく良い気がする」と、ワクワクした気持ちで物事を判断したり、選んだりできるのだ。幸せな気分のときは、まるで幸せになるための道筋が用意されているかのように、幸せに手をひっぱられ、何事もトントン拍子で上手くいったりするものだ。

私も、これまでの恋愛を振り返って改めて思うけれど、卑屈になったり、自分を見失いそうなくらい弱っていたときに限って、理想とは遠い男性ばかり引き寄せていた気がする。自分のことを認めること、信じることができて、「私も捨てたもんじゃないな！」なんて思いながら楽しくやっているときは、素敵な男性との出会いが訪れていたように思う。幸せは、幸せな気分に慣れている人のところの、居心地の良さを知っているのだろう。

「出会い」。それは、人生においてもっとも大切なこと。恋人だけじゃなく、友人も、仕事も、趣味も。幸せな予感のする出会いを願うなら、まずは自分の心を満たすこと。一人を楽しめない人は、二人でもきっと楽しめない。もし、今恋人がいなくて寂しいと思うのなら、きっとそれも意味があること。そう考えると、一人の自分だって悪くない。準備運動をして、心も体も温めておこう。次に出会う誰かと、毎日を思い切り楽しむために。

違和感をスルーしない。必要な〝モノ、コト〟だけで生きていく

必要な〝モノ、コト〟だけで生きていく。例えば服。私のクローゼットにある服の量はかなり少ない方だと思う。なぜなら、ものすごく気に入っている服しか持っていないから。もっと言えば、ものすごく気に入って買っても、自分を綺麗に見せてくれない服は手放すようにしている。勢いに任せ、奮発して買ったワンピース。でも、家に帰って着てみるとなんだか太って見えたり、好きなブランドだからと買ったものの、丈がしっくりこなかったり。すごく可愛いニットなのに、素材がチクチクするから、着るのが億劫になってクローゼットに眠ったままだとか。服そのものはとても素敵だけど、自分と合わないものって、案外たくさんある。そういう服たちは思い切って、友人に譲ったり、手放すようにしている。そのかわり、着ると自信をくれる服を週に何度も登場させる。毎日違うスタイリングにしなくても、自分をより素敵に見せてくれる服を毎日でも着たいと思うから。

そんな風に過ごしていると、だんだん自分を綺麗に見せてくれるデザインや色が分かってくる。例えば私の場合、バストのサイズがある方だから、首もとは詰まっていないデザインの方がすっきり見えるし、肉づきの良い体格なので、Tシャツは、少し透け感のあるてろっとした素材を選ぶと肩のラインが華奢に見える。似合う服を知るには、体型やキャラクターなど自身の魅力を見つけること。似合う服を感覚で選んでいくうちに、身につくこともある。

部屋を探すときもそう。水まわりや日当たりももちろん大事なポイントだけど、私は落ち着くかどうかを一番重要視している。やっとの思いで見つけたお気に入りの部屋で過ご

すときは、纏《まと》う服もこだわりたいし、もしかしたら、出かけるときよりもおしゃれを楽しんでいるかもしれない。例えば、繊細なレースが美しいヴィンテージのボディスーツにざっくりとしたニットを重ねたり、お気に入りのブラとベロアのハイウエストショーツにラフなガウンを羽織ったり。外では絶対にできない〝部屋ならではのスタイリング〟は女心をどうしようもなくくすぐるのだ。「このニットってほんとこの部屋に似合うよなぁ」なんて考えながら、暮らしをスタイリングするのは楽しい。

　楽しみながら、心地よく暮らすコツを探る。服に限らず、コスメ、インテリア、本なども、しっくりこないものは一度見直しが必要。付き合う人に関しても、会うと嫌な気持ちになる人や、なんとなく気分が下がってしまう人とは、距離を置いてみるのも良い。**美学というのは、自分が自分に見出す〝好き〟の集合体。**必要な〝モノ、コト〟だけで生きていくということは、気持ちよく生きていくということ。それは、〝選択〟の積み重ね。自分をとりまく環境は、毎日の〝選択〟で成り立っているのだ。

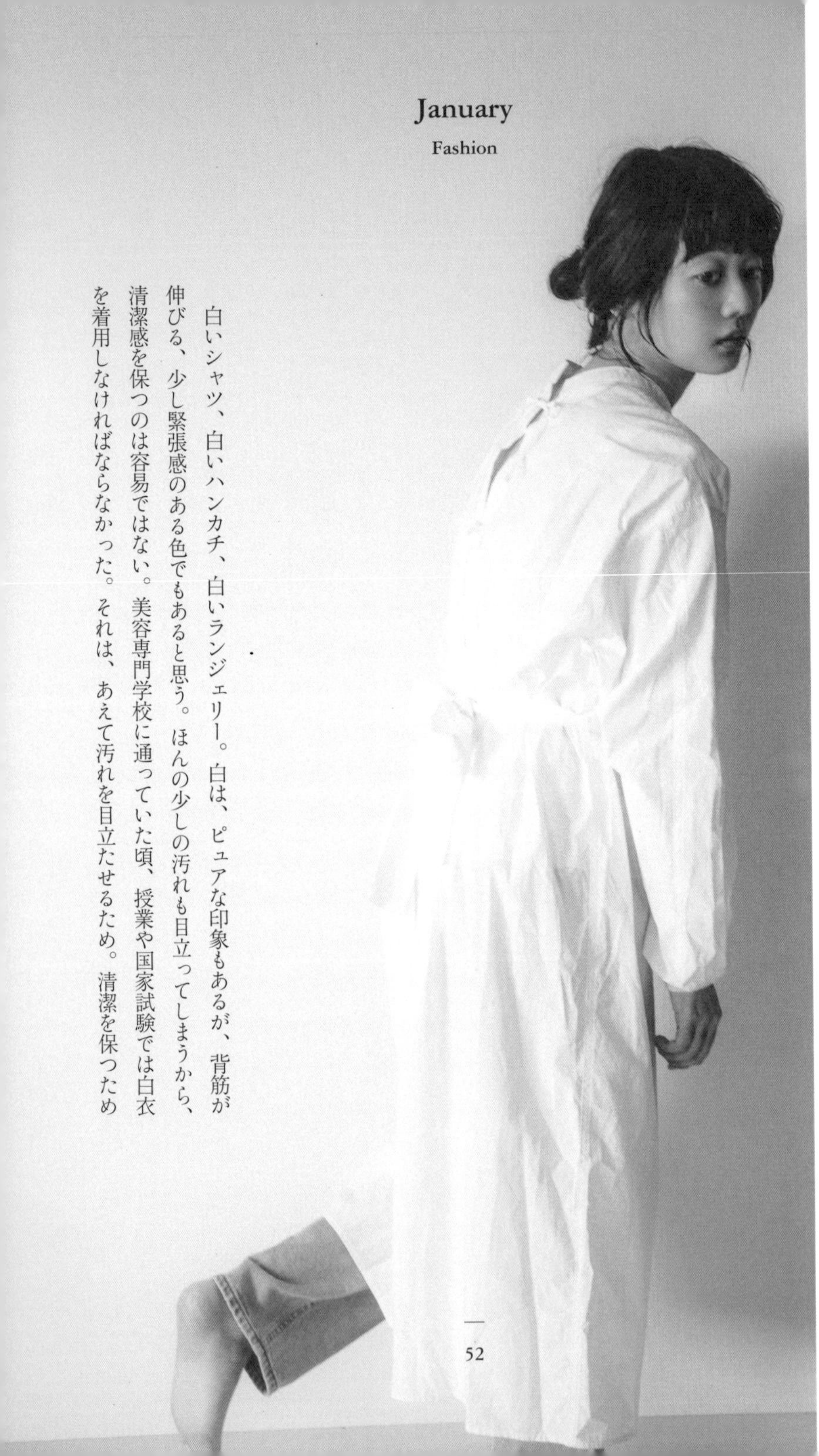

January

Fashion

美意識を育てる〝白〟という色

白いシャツ、白いハンカチ、白いランジェリー。白は、ピュアな印象もあるが、背筋が伸びる、少し緊張感のある色でもあると思う。ほんの少しの汚れも目立ってしまうから、清潔感を保つのは容易ではない。美容専門学校に通っていた頃、授業や国家試験では白衣を着用しなければならなかった。それは、あえて汚れを目立たせるため。清潔を保つためだ。普段よく使っているお気に入りの白いマグカップ。ゆっくり時間をかけてコーヒーや紅茶を飲むと、すぐにコーヒーの色や茶渋が着いて、汚れが目立つ。だから重曹で小まめに手入れをし、〝美しい白〟を保つようにしている。

白は誤魔化《ごまか》しがきかない。白は私たちに、物を清潔に保つこと、丁寧に扱うことを教えてくれる。汚れても分かりにくい色や柄の服で過ごすのと、白一色で過ごす（余談ですが、映画『メゾン・ド・ヒミコ』に出てくるオダギリジョーさんが演じる春彦の、白いパンツに白いシャツをタックインしたスタイリングがとても素敵！）のでは、意識が変わってくるだろう。椅子に腰を掛けるときも、食事をするときも、道を歩くときも。日常的に白いアイテムを扱うことに慣れていると、白ではない服やバッグ、靴のときだって、白と同様の美意識でいられる気がする。なにもせずとも、そんな美意識があれば構わないのだが、大雑把でズボラな私は、あえてタオルやクロス、ベッドシーツや枕カバーを白で統一している。すぐ汚れに気付けるように。なるべく汚れないよう扱えるように。気持ちを正したいとき、背筋を伸ばしたいとき、緊張感が足りないとき、白い服を着て出かけると、きっといつもと違う感覚を得られるはず。心に清潔感が広がり、所作や意識が変わり、いつもより行動が丁寧になっているかもしれない。

白から教わることはたくさんある。ウェディングドレスも白無垢《しろむく》も、そして最期のときも白を纏《まと》う。**白というのは、純真さ、素直さ、優しさ、潔い印象がありながら、凛とした厳しさのような緊張感も併せ持つ。**そんな〝白みたいな女性〟に、いつかなれたらと思う。

人生の1／3を占める睡眠を、良質なものに変えるコツ

睡眠が、健康にも美容にも良いということは、みんなが知っている。だけど、「寝つきが悪くて……」とか「熟睡できない」という声が多かったりする。夜遅くまで仕事をしたり、付き合いで飲みに行く機会が多かったり、なんとなくスマートフォンを見ていたり。気付けば0時をまわっている。「早く寝なきゃ！」と焦ってベッドに入っても、交感神経が優位になっていてなかなか寝つけない。

友人に相談したり、Ｇｏｏｇｌｅで症状を検索すると出てくるワード「不眠症」。文字だけ見るとなんだか立派な病気のよう。もちろん病院に行った方が良い場合もあるかもしれないが、少しの工夫で、解決できる場合もあるような気がするのだ。

私も、以前はベッドの中であれこれ考えているうちに、アドレナリンが出ているのか、寝つけない日が度々あった。でも〝眠るコツ〟を知ってからは、なかなか良質な睡眠時間を過ごしている。それは、休日でも、前日の帰りが遅くて睡眠不足であろうと、必ず朝早く起きること。そして、日中はたくさん動いて体力を消耗させ、15時以降はカフェインを摂らない。忙しくても必ずぬるめのお湯に10分でもいいから浸かり、高ぶった神経を落ち着かせる。ベッドを気持ちのいい状態に整えておく。寝室を落ち着く好きな香りで満たし、心がほっと落ち着く香りを纏《まと》う。脚がむくんでいたり、体が疲れているままだと寝つきが良くないことが多いので、マッサージをしてむくみや疲れをやわらげ、ストレッチをしてからベッドに入る。そして、なにより重要なのは、**寝ることに集中すること。**なにも考え

ず、無になる。はじめは難しくて、雑念が湧いてくるけれど、ヨガの瞑想と同じで、呼吸に集中すると良い。

睡眠は、人生の１／３を占める。良質な睡眠でパワーチャージ＆リセット。生きる活力を蓄えよう。残りの２／３の人生を、思い切り楽しむために。

苦手な人から自分を守る

「苦手な人とどう付き合っていったらいいですか？」。そんな相談を受けることがある。例えば、「なんとなく苦手かも」くらいの場合。もしかしたら、相手のことをよく知らないだけかもしれないから、無理に近づく必要もないし、あまり気にしすぎず過ごせば良いと思う。一方で、自分が自分でいられなくなるほど苦手な場合は、距離を置いた方が良い。私はそうしている。たとえ仕事や交友関係の幅が狭くなってしまったとしても、勇気を持って断る。離れることも必要だと思う。それが、どれだけ名誉なことであっても、報酬が大きかろうが関係ない。長い目で見るとその選択が自分のためになると思っているから。

会ったこともない人に、SNSで自分らしい心境でいられなくなるような言葉を投げつけられることもある。そんなときはすぐにブロックするし、ちょっと違和感を覚えたらミュートにする。**自分の身は自分で守る。**我慢なんてしなくたって良い。何事も、私が真正面から向き合わないときは、自分らしい自分でいられないとき。身も心も疲弊してしまうような人といちいち向き合っていては、大切な人たちに注ぐエネルギーが足りなくなる。もちろん戦う必要があるときもあるけれど、よっぽどのことでなければかわしている。

「あなたはその人といて、あなたらしくいられますか？心がすり減っていませんか？」

もし周りに苦手な人がいるなら、まず回避できる方法や距離を置く手段を考えてみよう。信頼できる人に相談するのも良いと思う。それぞれ環境が違うはずだから、すべての人にフィットする話はできないけれど、共通して言えるのは、自分にムチを打ってまで耐える必要なんてないということ。そうやって自分を守る習慣がつくと、不思議なことに苦手だと感じる人が周りにいなくなっていることに気付く。美しい街にゴミや落書きがないように、自分を取り囲む世界の治安が良くなり、いつもの穏やかな自分で生きられる。あなたの世界が今日より明日、明日より10年後、20年後、もっともっと過ごしやすくなって、あなた自身も強くしなやかで優しくいられますように。

February

Beauty

魅力ある女性は、〝背中〟を磨くことで色気を纏う

年齢を重ねるたびに、心に色気が欲しくなる。見せかけじゃない、内側から溢れるものを。それは、１日や２日で纏《まと》えるものではない。上辺だけではないものを持っている女性は、気持ちのいい自信の持ち方をしている。人と比べるなんてことを、すっかり忘れるくらい自分自身に集中している。綺麗になるための努力を努力と思っていないし、楽しんでやっている印象だ。

内側から溢れでる美しさは、普段は見えない体のパーツに宿る。例えば背中。背中は、磨けば磨くだけ効果が出やすい。なぜなら、日常で外気にさらされない分、紫外線や外的刺激とは無縁だから。だけど、汗をかきやすかったり、お手入れを後回しにしたり、自分で直視することが少なかったりして、背中に自信のない人が多い。体に不要なものや熱がたまると、背中の肩甲骨あたりに吹き出物が出ることも。

背中を普段見ることができるのは、お風呂のあとにくるっと鏡に背を向けたときの自分自身と恋人くらい。そんな特別なパーツを、すべすべに仕上げておくなんて、なんて色っぽいことなんだろう。なんだか特別なランジェリーを身につけたとき以上に、女性ホルモンが分泌される気がする。抱きしめられる準備はもうできているかのように……。

近頃は、夏も冬も背中がのぞく大胆な洋服が多い。そんな洋服との出会いこそ突然やってくるから、常に見えないパーツを磨いておくことは、新しい出会いに心を惹かれたとき気軽にトライする勇気をくれる。着られない言い訳を探したり、羨ましいなぁと指をくわえて眺めるより、今夜からケアを始めることをおすすめしたい。

整った指先は人生を変える

たかが指先、されど指先。やっぱりどう考えても〝されど〟である。ネイルサロンで、はじめて素爪の手入れをしてもらった帰り道、すごく自信が持てた不思議な感覚を、今でも鮮明に覚えている。私の体にある小さなパーツが整い艶《つや》やかになったことで、自分の全てが整って、全身が磨かれた気がした。あの感動は今でも忘れない。

それから何年か経ち、私はコスメのブランドをローンチした。第1弾は、リップでも化粧水でもヘアオイルでもなく、ネイルポリッシュを選んだ。ネイルサロンの帰り道に味わった自信がみなぎるあの感動を、みんなにも体験してもらいたかったし、素敵なネイルポリッシュがあると、美しい爪でありたいと思う人が増えるかなと思ったから。ネイルポリッシュをリリースしてから、手もとを見られる機会が増えたし、ネイルポリッシュの良さが伝わるよう、さらに爪に気を配るようになった。すると、おもしろいことにどんどん気持ちが落ち着いて、整ってきたのだ。なんて嬉しい副産物！　指先が美しく整っていると、名刺交換や食事のシーンなどで、指先が他人の目に触れるときに堂々としていられる。逆に、そうじゃない爪の状態（ネイルが剥げてるのを放置していたり）だと、さっと手もとを隠してしまいたくなるし、「私を見ないで！」と消極的になってしまう。そう、**整った指先はチャンスを掴む確率を上げてくれる。**運やご縁は指先から入ってくると聞いたことがあるが、「なるほど、そういうことか」と腑《ふ》に落ちる。それにパソコンやスマートフォンを触る機会の多い私たちは、無意識に自分の爪を視野に入れている。愛情が注がれた指先を目にすると、うっとりするし心が安らぐ。とくに物に触れることの多い指先は繊細だから、

一度美しく整えると、その状態をキープしたくて所作も自ずと美しくなるのが良い。

爪が整うことで、人生が変わる。私はそう思っている。美容の中でも、分かりやすく結果の出やすいパーツ。自分で整えるも良し、ケアをしてくれるサロンに行ってみるも良し。心が整うという感覚をぜひ味わってみてほしい。運やご縁を磨くつもりで、指先に艶を与えよう。整った指先は、きっとあなたに自信を与えてくれるはず。

February

Beauty

自分を労《ねぎら》うことで美を磨く。
バスタイムの過ごし方

お風呂に入る前、鏡で全身を見ながら自分に問う。「今日はどんな気分だった？」、「今日の体の調子はどうだった？」。そして、全身を見ることで、姿勢や体型の変化、肌感もチェックする。毎日を忙しく過ごしていたら、今日の自分がどうだったかなんて、振り返る間もなくベッドに入り、朝を迎えることになる。こんなに頑張って家事や仕事をこなしてくれている私の体と心。自分自身に労《ねぎら》いの気持ちを込めて、聞いてみる。湯船に入れる入浴剤やボディケアグッズは、タイプ別でいくつか常備しておくと、その日の体調や気分を振り返ることができるから良い。「今日はよく歩いたから、筋肉疲労がやわらぐ炭酸タイプの入浴剤を入れよう」とか、「今日は忙しかったから、優しい気持ちで眠りたい。だからローズのオイルで肌を包もう！」とか。そうすると、ほっと気持ちが安らいで、その日あったことをまるごと消化できるような気がする。

　そして、もうひとつの質問を投げかける。「今、どんな私になりたい？」と。例えば、「華奢なネックレスを綺麗につけたいから、首まわりをすっきりさせたいな」と思ったら、なりたい自分を想像しながら、湯船の中でオイルを手に取り、デコルテ、首まわりのリンパを流すように念入りにマッサージする。「サラサラで指通りの良い艶やかな髪質になりたい！」と思ったら、お気に入りのニットを着て自慢の髪をなびかせる自分をイメージしながら、ヘアオイルで髪をパックしながら湯船に浸かる。劇的な変化ではなくても、たった30分でも意識をすることで、人は美しく、なりたい自分に近づくことができるのだ。バスタイムは、**今日の私を労う時間であり、明日の私を輝かせる大切な時間**。自分を労える人は、きっと他人《ひと》のことも労える。

これから、もっと自由になっていく美容

私は、２０２０年4月7日の緊急事態宣言が発動される少し前に、自主的に自粛を始めていた。海外で暮らす友人たちと頻繁に連絡をとっていたから、より危機感が強まって、無意識にそうしたのかもしれない。ネットスーパーを利用し、週に1回、ゴミ捨てと郵便物を見に行くのが唯一の外出だった。Ｚｏｏｍ等を使ったミーティングでスタッフと顔を合わせることが週に何度かあったり、インスタライブを通して皆さんの前に出ることもあったのだが、基本的には誰とも会わない日々を過ごしていた。

誰にも会わないけれど、私は毎日セルフメイクをしていた気がする。「誰に会わずともメイクしましょう！」なんて言いたいわけではない。ただ、メイクをすることがものすごく自由になったように思えたのだ。誰に会うわけでもないけれど、背筋を伸ばすためにするメイク。ときには新作を軸にした挑戦的なメイク、急に削ぎ落としたくなって思い切り引き算してみるメイク、極端に肌作りに拘《こだわ》ってみるメイク……。誰かのためじゃなくて、自分の気分や直感に従ってするメイクの時間は、自分のマインドを確認するような時間になったと思う。忙しい日々を過ごしていると、つい〝安定のいつもの顔〟になってしまうけれど、時間があって、なおかつ誰にも会わない日のメイクは、自分を知る良い機会になったし、改めてメイクのパワーを知れた気がした。

そんな時間を過ごした中で、改めて強く思ったこと。それは、新しいメイクに挑戦する人を否定してはいけないということ。なぜなら、みんな気分を上げるためだったり、新しい自分を発見するためだったりと、いろんな思いでメイクを楽しんでいる。**メイクには今**

の自分の気持ちが乗っているのだ。そんな素敵な取り組みを周囲がとやかく言う権利はないと思う。

みんな綺麗になりたくて、楽しみたくてメイクをしているはず。誰かのためじゃなく、自分の気分や気持ちを確かめるためにするメイク。これからの美容の在り方が変わってくるのを感じた自粛期間だった。そして今、良い風が吹いている気がする。もっと自由に、メイクを楽しめる人が増えますように。

Column
N°3

Beauty
【美容】

持って生まれたパーツの美しさを
引き出したり、生かしたり、
育てたり……。
嘘がつけない私が絶対的に信頼を
寄せるケアアイテムたちです。

※掲載商品はすべて私物です。

01

whole／AWRY BY THE MANNER:フレグランス「大好きな花屋の一周年記念に作られた香水「MANNER」。すずらんの柔く、優しい香りが気に入っています」

02

TOM FORD BEAUTY：ファイバー ブロー ジェル「色づきが上品な眉マスカラ。ブラシが小さいので塗りやすく、これ以上のものになかなか出会えません」

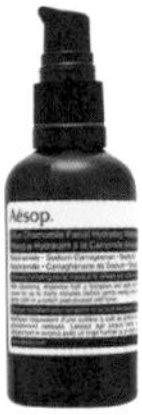

03

Aēsop：フェイシャル ハイドレーティング マスク59「スキンケアの最後に塗り30分置いて拭き取るともちもちに。乾燥が気になる夜に使うと、翌朝しっとり！」

04

ANTIPODES®：オーラ マヌカハニーマスク「肌のくすみが一瞬で吹き飛ぶ！ 洗顔後の肌に塗り20分置いてから洗い流すと、肌が明るく。即効性あり」

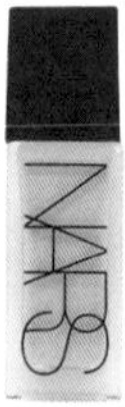

05

NARS：ティンティッドグロー ブースター「瑞々しく潤っているからこそ出せるツヤを演出してくれる化粧下地。保湿力が高いので、肌がぷるぷるに」

06・07

LONGLEAGE：ネイル クレンジング スクラブ、キューティクル モイスチュア ジェル「爪表面の汚れをスクラブでオフ。保湿ジェルはベタつかないのが良い」

08

NEOM:ボディスクラブ「肌が一気に若返る！ スクラブを体になじませたら、そのまま湯船に浸かると入浴剤オイルとしても使えます。ナチュラルな香りも好き」

09

m.m.m：カラーチューナー PI「撮影時のモデル用に使っています。ファンデーションを塗る前に仕込むと、自然な血色感が出てヘルシーな肌に仕上がります」

10・11

左・LAURA MERCIER：スモーキーアイライナーブラシ　右・ADDICTION：アイブロウブラシ「目と眉のメイクはこのブラシがないと完成しません」

12

Z&MA：リフレッシュロールオン デオガールズ「汗のニオイを天然由来の香りでカバー。優しいフラワー系の香りにとっても癒されます。制汗機能も大満足」

17

AVEDA:パドル ブラシ「毎朝、頭皮をマッサージしながらブラッシングすると、ぼーっとした頭が目覚める感じ！　仕事用と自宅用、ミニサイズも持ってます」

16

Dior：ディオールスキン フォーエヴァー スキン コレクト コンシーラー「手の甲に取りブラシでつけると自然。カバー力があるのにツヤも出るのがお気に入り！」

14・15

SUQQU：モイスチャー リッチ リップスティック09・12「もっちりとした唇に。09（左）は抜けを出したいときに。12（右）はどんなメイクとも好相性！」

13

MVP：マルチビタミンミネラルパック「アメリカF.A.D基準の含有量のメガサプリ。疲れにくくなるし、夕方の顔色が変わる！毎日飲むので5袋目をリピート中」

21

CHANEL：ル ブラン ロージー ドロップス「驚くほど自然なツヤと健康的な血色感を生み出すフェイスカラー。下地に混ぜてもいいし、ファンデの上に重ねても◎」

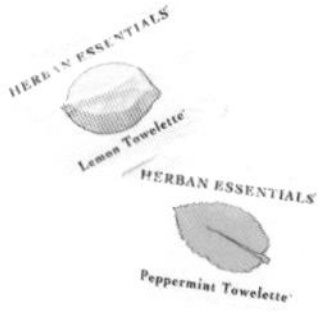

20

HERBAN ESSENTIALS：アロマタオル「出先で手や汗を拭きたいときに。植物由来のフレッシュな香りが気持ちいい！　バッグにひとつ入れておくと安心です」

19

CLINIQUE：ラッシュ パワー マスカラ ロング ウェアリング フォーミュラ「軽やかで自然な仕上がり。カチカチに固まらず、ふわふわのまつ毛が完成します」

18

LAURA MERCIER：ピュア キャンバス パワー プライマー スーパーチャージド エッセンス「化粧下地ですが、想像以上にハリが出るので、嬉しくなります」

25・26

bareMinerals：クイック チェンジ ブラシ クリーナー＆ブラシ コンディショニング シャンプー「毎日使うメイクブラシの洗浄用に。清潔感のある香りが心地よい」

24

LAURA MERCIER：アーティスト アイラッシュ カーラー「あまり力を入れなくてもしっかりカールしてくれるので、まつ毛に負担が少ないのが嬉しい」

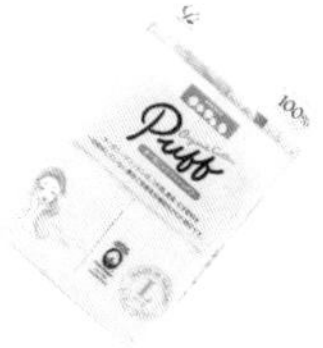

23

cotton labo：オーガニックコットンパフ「皮膚が薄くて敏感肌な私でもストレスなく使えるコットンはこれだけ！ 撮影現場では、モデルたちからも好評です」

22

DECENCIA：サエル ホワイト CCクリーム コンセントレート「紫外線をカットしながら、肌に透明感を与えてくれます。さらっとしたライトなつけ心地が好き」

Column
Nº3

27

FEMMUE：スーパーファイン モイスチャーミスト「肌あたりの良い霧のように細かいミストは感動もの！ 贅沢な香りに癒される大好きな保湿ミストです」

28

gamila secret：フットバーム「カサカサしがちなかかとに使っている保湿バーム。さらりとした仕上がりなので、素足でサンダルを履いてもすべらない！」

29・30

CHANEL：ボーム エサンシエル ゴールデンライト＆トランスパラン「濡れたようなツヤをくれるハイライト。ゴールデンライト（左）は、シャドウやチークにも」

31

ARGITAL：インテンシブ エキナセアクリーム「慢性的な肌トラブルに効果的な保湿クリーム。肌のゆらぎがすっと落ち着く感じがクセになります」

32

celvoke：インラプチュアラッシュ「全色持っているほどお気に入りのカラーマスカラ。光の角度で色づいているのが分かるくらいの上品な仕上がりが私好み」

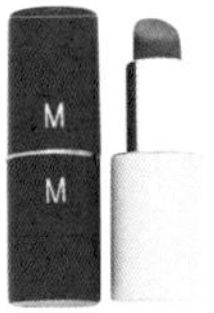

33・34

La Bouche Rouge：カラー リフィル＆ケース「マイクロプラや防腐剤などが使われていないエコなリップ。レザーケースは持っているだけで気分が上がります」

35

dermalogica®：デイリーマイクロフォリエント「不要な角質や汚れを取り除く酵素洗顔。毛穴が気になる人におすすめ。つるつるの洗い上がりはやみつきに！」

36

artis：メイクアップブラシ エリート オーバル 7「肌が磨かれたようなツヤが出るファンデーションブラシ。小鼻周りにも使いやすいサイズ感が気に入ってます」

37・38

ARGITAL：デリケートハイジーンソープ＆デリケートハイジーン ニアウリクリーム「デリケートゾーン専用ケア。生理中の不快感が気になる人にもおすすめ」

39

AVEDA：チャクラ バランシング ミスト 2「人とのコミュニケーションに良い香りだからとギフトでいただきました。初対面が多い撮影現場で使っています」

40・41

NatureMoon：おりもの専用シート＆生理用ナプキン「肌に優しいオーガニックコットン100%だから安心。生理中のモヤモヤした不快感が軽減された気がします」

42・43・44

左・YOU＆OIL：スキンオイル 中・de Mamiel：アルティテュード オイル 右・MARIEN：ストレス用アロマオイル「心地よい毎日を支える頼もしい存在」

50

—

FEMMUE：ビューティ クレンジングバーム「柔らかい感触が気持ち良い。手の平でバームを温めてからなじませます。赤みが気になる朝の洗顔に」

49

—

Elegance：カールラッシュフィクサー「まつ毛のカールの持ちをキープしてくれるマスカラ下地。まつ毛を柔らかいまま保つ上品な仕上がりはさすがです」

47·48

—

左・LUCAS' PAPAW REMEDIES：クリーム　右・URIAGE：モイストリップ「リップケアはW使いしています。どちらも潤いをキープしてくれる！」

45·46

—

rihka：ネイルポリッシュ madeleine&coussinet「シアーな色づきと、速乾性にこだわった力作。ファッションやライフスタイルに溶け込むカラーが充実」

54

—

SHAQUDA：ウヴ 6ブラッシュ＆スタンド「熊野筆を使ったメイクブラシセット。肌に触れたときの贅沢感が最高！ 優しい色づきをするところも好き」

53

—

Euthymol：歯磨き粉「クセのある味だし、めちゃくちゃ辛いので好みが分かれるけど、私はこれじゃないと満足できない！　可愛いパッケージもお気に入り」

52

—

Aēsop：リンスフリー ハンドウォッシュ「ベタつかない使い心地と爽快な香りがお気に入りすぎて、もう何本目か分からないほどリピートしている除菌ジェル」

51

—

MARIEN：アレルギー対策ブレンド「花粉症用のメディカルハーブティー。なんと、高校生の頃から薬を飲まずにいられなかった重度の花粉症が解消されました」

60

—

IT ALL NATURAL：ライヴリーオイル「カラーで乾燥した髪に潤いを与えてくれるヘアオイル。重くないさらりとしたテクスチャーがいちばんのポイント！」

59

—

LA ROCHE-POSAY：UVイデア XL プロテクショントーンアップ「肌色を明るく見せてくれる化粧下地。SPF50なので夏の外出も安心。ローズもおすすめ」

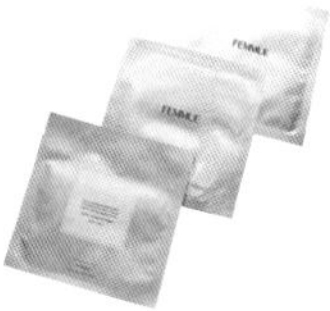

56·57 58

—

下・to/one：ハイドロ ブースティング マスク、中/右・FEMMUE：ドリーム グロウマスク（PF）（CP）「肌状態に合わせて使い分け。期待を裏切らないTOP3！」

55

—

OFFICINE UNIVERSELLE BULY：レ ヴィルジナル（アル・カシール）「心の緊張がほぐれるような濃厚な香り。家を出るときに香水がわりに首もとにつけることも」

March / April / May

CHAPTER ③

Spring

新生活が始まる空気／
色とりどりの花々／
暖かい気候／春色のリップ

March

Beauty

心の変化を表すリップは新たな自分に出会うための冒険

季節が巡るとき、新しいリップをつけてみたくなる。気候が変わる、気分が変わる、意識が変わる。〝新しい私〟に出会いたくなるのだ。「今年の夏はベージュのリップが気になるけれど、つけ慣れた色じゃないと物足りなく感じる」という人は、鮮やかな色のトップスを選んだり、チークで色を差してバランスをとってみるとか。「はじめての赤リップに挑戦してみたいけど、似合うかどうか不安……」という人は、白Tシャツにデニムという、あえて気負わないカジュアルなスタイリングに合わせてみるのはどうだろう？

新しいメイクに挑戦したいけれど、変化に尻込みして〝いつもと同じ〟メイクから抜け出せないのはもったいないこと。そんな風にして心の動きを無視し続けると、だんだんそれがクセになり、自分の感情の変化に気付けない人になってしまう。

どんな些細なことでも〝私の興味〟に自分自身がいちばん注目してみてほしい。新しい色のリップをつけたいけれど自信がないなんて人も、あきらめる前にひと工夫をはさんでみてほしい。似合わない色なんて、絶対にないと私は信じている。似合わなくてあきらめたコスメも、もう少し薄づきにしてみたら、逆にもう少し色を重ねていたら似合っていたかもしれない。もしかすると、着る服との相性が合わなかったのかもしれない。いつだって自由に身動きがとれる考え方でいたい。自分の気分をいちばん大切にできるのは自分。心を動かされるコスメと出会ったら、**言い訳はすべて工夫と知恵で乗り越えて、**まずは手にとってみよう。

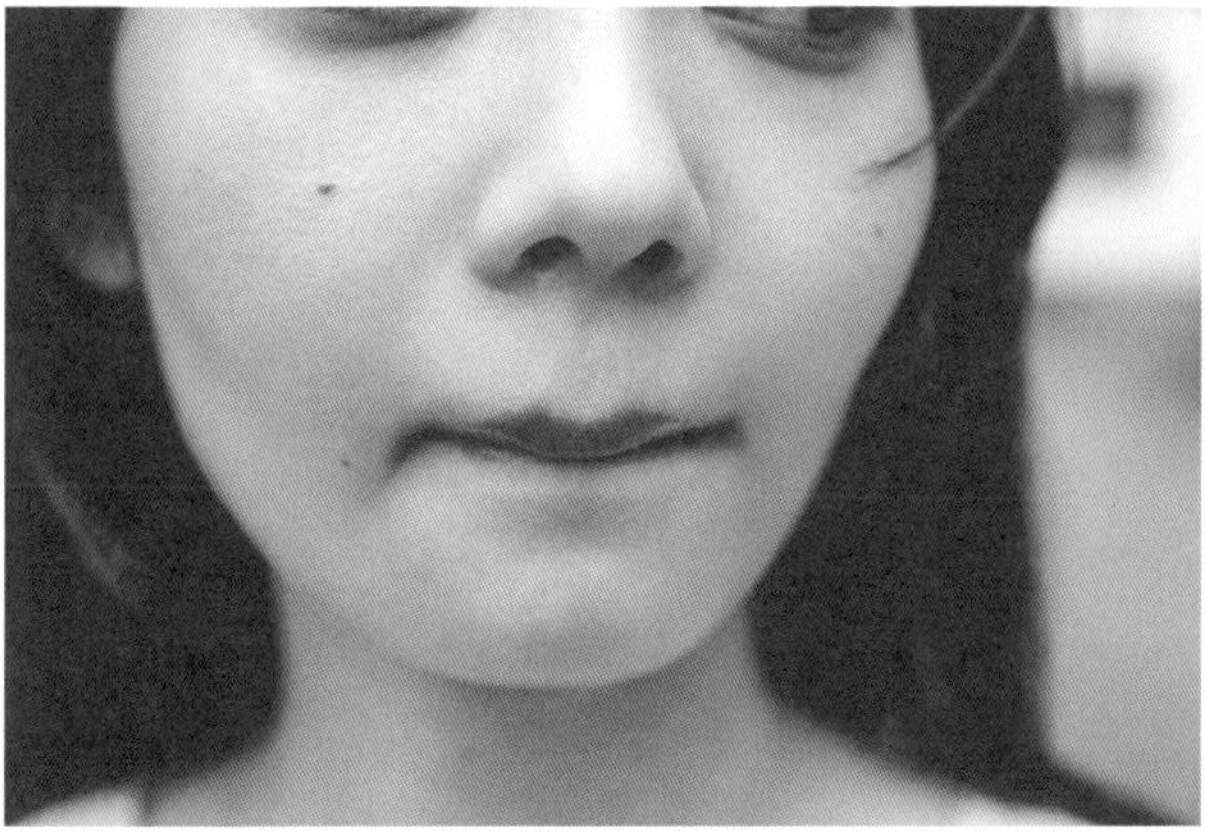

好きを仕事にするということ

私は、好きなことしかできない性格だと思う。子どもの頃から違和感があることに目を瞑《つぶ》れなくて〝好き〟を選び続けて生きている（融通が利きにくいともとれる（笑））。そのかわり、好きを選ぶときの度胸と根性はあると自負しているし、苦労や努力とか、そんなことは付きものであるとわきまえているつもりだ。その先にある好きを掴むためなら、痛くもかゆくもない。こう書くと、すごく強い人間のように聞こえるかもしれないが、実はそうじゃない。ちょっとしたひと言で傷つき落ち込むし、泣くことだってある。でも、美容の世界に入ってから「仕事をしたくない日」というのを思い出せない。もちろん、上手くいかない日や出来事は山ほどあったと思う。

ゴールを見失わないよう、ときどき自分の〝使命〟を確認する。私の使命は女の子を元気にすること。**少しでも自分のことを好きになって、自分らしく生きていくお手伝いをしたい**。美容師のときは、お客様が帰り際に「私ってなんか良いかも」と、ちょっぴり自信が湧いて心が躍る気持ちを感じてもらえるよう尽くした。ヘアメイクの仕事では、スタッフ全員で創り上げた写真や映像を、見てくれる方たちが幸せな余韻に浸ったり、その洋服が着たくなったり、綺麗になりたいと思ったり。そんな行動を起こすきっかけになるように努め、こうして文章を書くときは、読んだあと「心が軽くなった」、「なにか始めたい気分！」と、これからの自分が楽しみになってもらえるように心がけている。

仕事の内容は違っても、伝えたいことはすべて共通している。そこは、昔も今も少しの

ズレもないし、そのためだったらなんだってできる。仕事はもちろんプライベートも好きしか選んでいないからか、自分の好みが周りに伝わりやすい。だから、好きな仕事が向こうからやってくるし、好きな人たちが集まってくる。好きな情報も勝手に流れてくる。好きだけで生きていくには、周りの人たちに伝わるくらい、自分の好きに正直であることが大切なのだ。

　好きを仕事にする。というより、私の場合は、好きじゃないことを仕事にできない性分なのだ。そのかわり好きなことには全力を注ぐ。表面だけの華やかさなんて要らない。ただ、ホンモノでありたいといつも思っている。

手放すことをおそれない

人生は手放す勇気とそのタイミングで大きく変わってくる気がする。手放すということは、決断すること。そして変わっていく自分の人生を受け入れること。例えば断捨離《だんしゃり》。手放すことで、物理的なスペースができるだけではなく、次に買い物するときの考え方まで変わってくる。過去を手放すことでこれからの自分の選択が変わってくるのだ。クローゼットがすっきりして、今の自分にとって必要なものだけが揃うと、今度は人間関係も変わってくる。今の自分にとって必要な人、好きな人たちと過ごす時間が大半を占め、心や体の負担になるような人間関係や仕事とは、距離を置けるようになる。

店長もディレクターも経験し、11年間働いた美容室を辞めるときが、私の人生において最大の分岐点だったように思う。指名もいちばん多くいただいていた時期に、キャリアも慣れた環境も手放した。もちろん大好きなスタッフやお客様と離れるのは寂しかった。周りからは、30代で上京すること、フリーのヘアメイクとしてやっていくこと、コネクションがないことも含め「勇気があるよね」とも言われた。それでも自分の強い気持ちがあったから、手放さずにいられなかったのだと思う。もちろんその先に保証なんてない。けれど、新しい縁があったり、運が流れたりするんじゃないかなと感覚的に思っていた。

手放してみたら、人生の換気を思いっきりしたような清々しい気分。一瞬、無職になったし、最初は収入だってぐんと少なくなった。一人暮らしを始めてからいちばん小さな部屋で暮らすことになった。けれど、まったく後悔しなかったし、惨めだとも思わなかった。あのとき自分らしく手放せたことが誇りだった。あとは必死に頭や心を使って頑張れば良い。何年か経ったときに「あのときの私、〝ナイス手放し〟をしたよ」と言えるくらい、納得する生き方をすれば良いだけの話。

手放す成功体験を大なり小なり積み重ねていくと、自分の判断に自信がついてくる。手放すことは、変化を伴う。手放したくないことは、人になんと言われようが手放さなくて良い。けれど、自分が手放したいと思うことは思い切って手放してみる。どれを選んでもあなたの人生だから、自分を信じてみて。手放すことを怖がらなくて良い。**これからの自分がなんとかしてくれるから。**そう、きっとあなたなら大丈夫。

March

Mind

否定から入らず、
受け入れることの大切さ

誰かと会話をするとき、いつも、相手の意見を尊重するように心がけている。わざとらしく持ち上げると居心地を悪くさせてしまうけれど、それが自然にできたなら、和やかで温かい空気が流れるから。そこにいる誰もが傷つかず、後味の悪い気分にならないよう、心地よい時間になればと、いつも思っている。

以前、ある女性誌で、ヘアメイクアップアーティストが読者の悩みに答える企画に呼んでいただいたとき、「残念だと思うメイクは?」という質問があった。私の答えは、「ずっと同じメイクでいること」だった。残念というより、もったいないに近いのだが、例えば、新しいカラーのアイシャドウに挑戦したり、眉の描き方を少し変えてみたり、塗ったことのない口紅を選んだり……。失敗をおそれたり、他人の目を気にしてなにもしないより、たとえそれがしっくりこなかったとしても、トライする行動がかっこいいと思う。**その人から生まれたかけがえのないアイデアや言葉、行動を、「ナンセンスだ」なんて誰が言えるだろう。**他人の試みを否定してばかりいると、いざ自分が新しいことに挑戦したいときに、勇気ある一歩を踏み出せないかもしれない。自分もまた「誰かに否定されるかもしれない」と思ってしまうから。普段から「まずはいったん受け入れて理解しよう」という姿勢でいると、自分が人生の岐路に立ったときでも、心に素直に進める気がする。

いつも〝抱きしめる〟気持ちで人と接したい。相手がきちんと考えてとる行動や、選ぶ言葉は、尊敬の気持ちを持って受け止めたいと思う。相手の思いのたけを受け止める。誠実さも不器用さもすべて。

April

Life

花の後ろにはストーリーがあり、花の先には愛がある

花には、愛があり、ストーリーがある。街で花束を抱えて歩く人を見かけると、「誰か大切な人に渡すのかな？」、「なにかのお祝いでもらったのかな？」、「自分で選んだのかな？」と、つい想像が膨らんでしまう。

誰かに花束を贈るとき、その人のことを、うんと思い出しながら時間をかけて丁寧に選ぶと思う。それは、花をもらったとき、「あぁ、私のことをいろいろと考えながら選んでくれたんだろうなぁ」と贈り手の気持ちが伝わることを知っているから。

自分のための花を買いに花屋へ行くことも多い。ベッドルームに飾る花は、朝、目覚めたとき、いちばんに目に入ったら嬉しいものを、玄関に飾る花は、帰ってきたとき癒やしてくれるものを。そんな風に、自分の明日からの日々をワクワクと想像しながら選ぶ。

花を贈ろう。**花を贈る相手がいること、祝いたい人や贈りたくなる人がいるということは、とても幸せなこと。**私は、誰かに花を贈るのが好きだから、周りの友人たちに、なにかお祝いができる〝ハッピーなこと〟が起こらないかな、なんていつも考えている（笑）。人を想う時間はなんて幸福なのだろう。お気に入りの店で花を束ねてもらったら、一目散に届けに行きたくなる。そんなすぐには枯れないのだけれど、心なしか足早になる。ただ相手の喜んだ顔が見たいだけなのに、気付けば自分の方が嬉しそうな顔をしていたり。

あるときは誰かに気持ちを伝えたり、あるときは自分を労《ねぎら》ったり。いつだって花の先には〝優しい気持ち〟がある。

April

Life

温かい余韻が心に残る気遣いとは

会うといつも楽しい。別れたあとも、温かい余韻が心に残る。もしそう思うのなら、その相手はあなたにとってちょうど良い気遣《づか》いをしてくれたのだろう。相手の気持ちを想像するには、心にも時間にもゆとりが必要だ。もし心に余裕がなかったら、相手の痛みなんて分かるはずもないし、時間に追われていたら、丁寧に相手のことを見ることも、逆に見てもらえていることにも気が付かないだろう。**気遣いは相手が心地よく過ごせるよう、心を温めるような手段のひとつ。**決して押し付けるものではないし、気遣いが目的になってしまっては、むしろ相手の居心地が悪くなる。見返りを求めると空回りもしてしまう。

　先述した字のお稽古の先生とあるレストランを訪れたときのこと。〝紙〟にまつわる仕事もされている先生は、言わば〝紙のプロ〟。店で使われていた紙のランチョンマットをとても気に入られて、「このランチョンマット、素敵。いただいて帰りたいくらい！」なんて言いながら、食事とワインを楽しんだ。帰り際、見送りをしてくれたお店の方が、先生のスーツケースを見て「お仕事ですか？」と声をかけてきた。「そうなんです。先生は〝紙〟の仕事をされていて」と、私が答えると、「うちの〝紙〟どうでしたか？」と聞い

てきた。「すごく素敵でした。『持って帰りたいくらい！』と話していたんですよ」と先生が言うと、「もしよろしければ、お持ち帰りください」と、先ほどのランチョンマットを差し出してくれたのだ。その日の店内は満席。ものすごく賑わっていたにもかかわらず、私たちの会話にそっとアンテナを張って「なにかしてあげたい」と思っていなければ、「うちの〝紙〟どうでしたか？」なんて言葉は出てこないだろう。

相手のことを想う言葉をかけたり、話を聞くときの姿勢や目線だったり、そこに流れる空気だったり、ひと口に〝気遣い〟と言ってもその内容はさまざま。けれど共通するのは、心地よい余韻が残るということ。初対面や付き合いの浅い間柄だから気遣いが必要なわけでもない。親しい間柄にこそあるべきだと思う。気遣いと聞くと、なんだか堅苦しく響くかもしれないけれど、挨拶ひとつ、視線ひとつからでも簡単に始められる。ルールなんてない。自分らしい心の働かせ方で良いのだから。

男女を問わず人に〝モテる〟人

〝モテる〟という言葉に、どんな印象を持っているだろうか？ 異性にちやほやされる人、常に恋人が途切れない人、職場のアイドル的存在の人――。モテるとはそういうことなのだろうか。私は、もっと奥が深い気がする。例えば、「この人だから応援してあげたい」、「なぜか分からないけどこの人を助けたい」。たくさんの人にそう思われることが、モテるということなのではないだろうか。

「モテよう！」と意気込むと、空回りしてしまったり、周りに勘違いされてしまいがち。ならば「自分のファンを増やそう！」と思って過ごしてみるのはどうだろう？ ファンといっても、芸能人や有名人でなくても、私たちの身の周りにもファンが多い人は実在する。あなたのことを大切に思ってくれるファンたちは、あなたにとって必要なタイミングで、なにかのきっかけに繋がる大切な言葉をくれるだろう。

人は人に助けられながら生きていく。**そしてなによりも重要なのは、助けてくれた人に感謝の気持ちをきちんと伝えること。**助けられて生きていることを日々実感できるということは、与えられた環境にきちんと感謝できている証。その感動が胸にある人は、誰かの助けにも素直に「ありがとう」が言えると思う。

人にモテるということは、実はとてもシンプルなこと。恋愛となると、パートナーを一人に絞らなくてはならないが、ファンはたくさんいる方がいい。それにファンがたくさんいる魅力的な女性を誰が放っておくだろうか。可愛らしく「助けて」と言える人には手を差し伸べたくなるもの。そこに変なプライドなんて要らない。正々堂々とモテよう。

April
Mind

人見知りする人、しない人

先日ＳＮＳで、「あなたは人見知りしますか？　しませんか？」と、問いを投げかけた。どちらに偏るわけでもなく、両方ともたくさんのコメントをいただいた（ご回答くださったみなさま、改めてありがとうございます！）。私はというと、人見知りはあまりしない。美容室に勤めていた経験や、今も仕事柄、初めて会う方にメイクを施すことも多いからかもしれない。私の仕事は、人見知りしていたらなにも進まないのだ。

　どちらが良い、悪いと言いたいわけでは決してない。ただ、人見知りの場合、本人はそんなつもりはなくても、周りから不機嫌な人と捉えられてしまう可能性はある。目を合わせてくれなかったり、挨拶をしてくれなかったり、反応がなかったりすると、こちらはどうしても気を遣ってしまう。逆に、本当は人見知りだけど、そう見えないように頑張っているタイプの人もいるだろう。彼らはきっとドキドキしながらも、コミュニケーションをとろうと努力しているんだと思う。もちろん無理しすぎるのは良くないけれど、その努力はきっと接する相手に伝わっている。

　冒頭のアンケートで、人見知りする派に人見知りしてしまう理由を聞いたら、（自信がないから）や、（相手にどう思われるかが気になって自分を閉ざしてしまう）という声が大多数を占めた。人見知りしない派に理由を聞くと、（とにかく人が好きだから）、（人見知りすると相手に気を遣わせてしまうし、なにも始まらないから）、（好かれなきゃと思っていない）というような声が多かった。人見知りしないタイプの私はというと、こちらが先に心を開いた方が、相手も開きやすくなると思うし、こちらから挨拶をした方が、相手はリラックスできると思う。それに、**自分から相手に興味を持ったり、良いところを見つけようとした方が、相手にとっても心地よい時間になると思うから。**かく言う私も、最初から人見知りしないタイプだったわけではない。子ども（幼稚園くらい）の頃なんて内気ゆえに、親が心配して劇団に入れたくらい（笑）。人見知りしないように意識していたら、人見知りしなくなったという感じだ。

　相手にとって心地よい時間になるということは、私にとっても心地よい時間になる。結果的に良いサイクルになってお互いに気が楽だ。意地悪をしたり、マウントをとったり（笑）、悪口を言ってばかりいなければ、簡単に人は人を嫌いになんてならないと思う。もちろん相性はあるけれど、それはたまたま縁がなかっただけ。だから安心して一歩踏み出してみよう。自分から歩み寄ることで、あなたの周りの世界はきっと変わってくると思うから。

May

Life

1日の余白を楽しむ〝早寝早起き〟のススメ

肌の調子が良くなり、体が軽くなり、気分が前向きになり、仕事がはかどり、夜はぐっすり眠れる――。〝早寝早起き〟は、そんな理想の暮らしをまるっと叶えてくれる魔法のサプリメントのよう。早朝集合の撮影が多い私は、朝はだいたい5〜6時に起きる。以前、睡眠をあまりとらずに向かったとき、どうにか乗り切ることはできたが、体はだるいし、いつもよりひらめきも少ない気がして、「プロの仕事をするうえで、このコンディションはないな」、と反省し、それ以来、撮影の有無は関係なく早寝早起きを心がけている。

朝早く起きてなにをしているかというと、こうして原稿を書いたり、校正チェックやメールの確認などのＰＣ作業をしたり、気になっていた本を読んだり映画を観たり。早朝はメールや電話も来ないので集中して原稿が書けるし、その日の予定をゆっくりと立てることもできる。夜もやらないといけないことに追われながら眠らなくて済む。「陽が落ちたら仕事はしたくない！」というワガママな性格と付き合うには〝早寝早起き〟をするしかないのだ。また、夜にする考え事は、冷静でなかったり、ネガティブになりやすいという。それは、セロトニン（幸せホルモンと呼ばれるもの）の分泌が夜になるにつれて低下するからだそう。だから私は、夜に原稿を書いたことは一度もない。基本的に午前中、または夕食までの陽があるうちに書いている。いつだって前向きで、気分の良い状態で言葉を届けたいと思うから。

早寝早起きは、事前準備がすべて。早起きが難しい人は、早く寝ることから始めてみてはどうだろう。早起きより早寝の方が、きっと辛さは軽い。早寝が習慣化する頃には、早起きが今までより楽にできるようになっているはず。早い時間にベッドに入っても、慣れるまで寝つけないかもしれないが、横になっているだけでも体は安らぐもの。

仕事や家事、友人との食事など、毎日予定は山積みだけれど、忙しいとあまり感じたことがない。料理もするし、ヨガをしたり湯船に浸かったりする時間もしっかりとある。それは、世間が活動し始める前に起き、陽が沈む頃にはやるべきことが片付いているからかもしれない。時間にゆとりがあることで、1日に余白が生まれる。**〝必要無駄〟は必要なのだ。**余白を楽しむことで、少しずつ人間らしく、私らしくなっていく。生き方を選ぶのはいつだって自分なのだから。

May

Mind

好きになる工夫が上手くなると、毎日が少し変わる

好きなモノが多い方が、人生は楽しい。以前、大手飲食店の専務の方と食事をご一緒させていただいたのだが、とても明るく楽しい方で、他愛のない会話の流れから、仕事の話になった。その方は、名刺交換をしたあと、家に帰って名刺の裏にその人の良いところを5つ必ず書くようにしているという。その習慣は、決して簡単なことではないと思う。名刺を交換するということは、つまり全員が初対面。相手と話す時間は、半日ある場合もあるが、10分に満たないときだってあるはず。そんな中で、5つの長所を挙げるのは至難の

業である。きっといつも、積極的に相手の良いところを見つけようとしているんだろう。なんて素敵な心構えなんだろう。

　雨降りの日、「嫌だなぁ」とブツブツ言っていても雨は止まない。雨の日のためにお気に入りのレインブーツを選んだり、湿度が上がって肌が潤うのを喜んでみたり。良いところを見つけて拾う。そうやって、良いところをたくさん拾える人は、幸せを感じるのが上手い。**幸せや楽しいことは、そこら中にごろごろと落ちているのに、気付かないのはもったいない。**また、私はいつも「嫌だなぁ」と思っても、簡単に口にしないようにしている。私が嫌いなモノ・コトを好きだと感じる人もいるから。自分が言葉を放った向こう側には、必ず人がいるということを忘れてはいけない。放った言葉は必ず自分に跳ね返ってくる。「嫌だなぁ」のひと言は、自分のテンションを下げることに繋がるのだ。

　良いところを見つける。それは、好きになる工夫をするということ。日々、感覚の訓練。この感覚が身につけば、いつだって優しい気持ちでいられるし、そのポジティブな心構えが、明るい表情と空気をつくるのだろう。

May

Beauty

なりたい肌になる

水気のある潤った肌に憧れる。ヘルシーで色っぽくて清潔が理想。スリーブレスのTシャツからのぞく肩が艶やかだったり、笑ったときの頬に艶玉が宿ったり、デコルテが瑞々しく輝いてたり。肌が潤っていると自然と若々しく映る。唇だって潤わせていたい大切なパーツ。乾燥していては清潔感に欠けるし口紅も上手くのらない。幸せな人はセロトニンのおかげか肌も唇も潤っている。きっと感謝の心や優しい気持ちに満ちているからだろう。

朝スキンケアをするとき、メイクをするとき、夜メイクを落とすとき。「あれ？ なんか肌綺麗じゃない？」、「ツヤツヤ！ 調子いいね！」、「今日の顔色いい感じ！」と、自分を褒めながら触れてみると、鏡の中の自分はまるで誰かに褒められたような気分になって、肌が確実に綺麗になっていく。たとえ自分でも、褒められると良い気分になるし、不思議なことに自信もついてくるから、心なしか堂々と過ごせる気がする。誰かと比べて綺麗だとか、そんな比べ方はナンセンス。肌荒れで悩んでいたときの自分の肌と比べたらいい感じとか、自分ペースで良くなったところを積極的に見つけて、鏡を見るたび声に出して（外だったら難しいけれどせめて家の中くらいは！）褒めてみよう。

肌を潤わせるには、なにより、自分の肌を肯定すること！ これがどんな美容液よりも効果があるから、ぜひ試してみてほしい。表情が明るくなると肌のトーンも上がり、セロトニンが分泌されると艶感も増す。**褒められることが嫌いな肌なんてない。**鏡の前の貴重な時間、辛かった時期の肌を知っている自分だからこそ、今の肌を褒めることができる。思う存分褒めて、潤いのある肌で今日も過ごそう。

May

Mind

嘘がつけない
自分との付き合い方

「素直な人だよね」。私のことをよく知る人は、みんなが口を揃えて言う。これは良くも悪くもある。そう、自分に嘘がつけないのだ。私は、自分の気持ちに〝ものすごく〟正直に生きている。心に少しでも違和感を覚えると、その都度立ち止まって解決しようとする。気持ちよく仕事をするために、頭をひねり、良いと思う考えは提案し、正直な気持ちを伝えてきた。友人や恋人にも、嫌だと思ったことは正直に伝える。そのかわり、嬉しいと感じたときは、十分すぎるくらいに感謝の気持ちを言葉や行動で表す。みんなそこまで他人に気を配る余裕なんてないだろうから、自分の気持ちはしっかりと言葉や態度で伝えないと、周りの人たちに伝わらないと思うし、勘違いも起こりやすいと思う。

こんな性格だから世渡りは下手だ。自分の心を誤魔化《ごまか》して良い顔もできないから、はたから見れば不器用にうつっているかもしれない。20代のときは、この素直さが本当に嫌だった。「感情を抑えてコントロールできる人になりたい」と思っていた。でももし自分の気持ちを押し込めて、その場を上手くやり過ごして生きていたら、きっと私はここにいなかっただろう。〝好き、嬉しい、楽しい〟を選び続けていたから、今の私がある。

昔、長年一緒にいた恋人に、「未来は猫みたいだ」と言われたことがあるけれど、確かに、猫の気持ちはよく分かる。私も、嫌なことをされたら噛み付くし、嬉しかったらノドを鳴らす。心地よいところで休むし、誘われても遊びたくなかったら遊ばない。とくに一人が好きなわけではないが、気分でないのに群れるのは好きじゃない。そのおかげで、心から大切だと思える友人にも恵まれ、好きな仕事もできている。**嘘がつけないこと、正直であることは、最大の短所でもあると同時に、私らしさを作る重要なパーツ**なのだ。

Column
N°4

Q&A
【一問一答】

SNSにいただいたコメントから
選んだ50の質問にお答えします。
好きなモノ・コトだけで暮らす私の
なんてことない日常ですが、新しい
発見に繋がれば嬉しいです。

01 | 子供の頃の夢は？
CMをつくる。中学時代アートディレクター服部一成さんに憧れて。

02 | バッグの中にいつも入ってるものは？
リップクリーム、ハンドウォッシュ、Airpods。

03 | 好きな本は？
『君たちはどう生きるか』（岩波書店）

04 | 好きな映画は？
『ギルバート・グレイプ』。若かりしジョニー・デップとレオナルド・ディカプリオの演技に感動したのを覚えています。

05 | お酒は飲む？
食事に合わせて、ビールやワイン、日本酒を少しだけ飲みます。

06 | 服を買うときの基準は？
直感。着たときに自信が持てる服を選ぶ。

07 | 要らなくなった服はどうしてる？
家族や友達に譲る。

08 | 似合う服と着たい服、選ぶならどっち？
似合う服を着たいと思うことが多い。

09 | 身長は何センチ？
167cm。好きなテイストの服が似合うので気に入ってます。

10 | 血液型は？
B型

11 | 自分らしさの見つけ方って？
自分の好きを選択して生きていけば、自ずと見つかると思います。

12 | ボディケアで気をつけていることは？
保湿！

13 | 体型維持のためにしていること！
家ではゆるグルテンフリー＆野菜から食べる。

14 | 筋トレしてる？
オンラインでパーソナルトレーニング。ヒップアップに力を入れてます。

15 | 美容のために心がけてることは？
茶色いものを選ぶ。白米より玄米、白砂糖より甜菜糖、サラダ油より米油。

16 | ヘアサロンに行く頻度は？
3週間おき。

17 | 家の中で落ち着く時間は？
ソファでマドと一緒にゴロゴロしたり、遊んだり、本を読んでるとき。

18 | 好きなインテリアショップは？
「トラックファニチャー」。自然や動物と共存する世界観が好き。

19 | 冷蔵庫にいつも入ってるものは？
卵と豆乳。

20 | ストレス発散法は？
歩いたりヨガをしたり、とにかく体を動かすこと！

21 | 可愛い女性ってどんな人？
素直な人。自分のことをちゃんと愛せている人。

22 | 自分の好きなところは？
自分に正直なところ。

23 | 直したいと思うところは？
集中力がもっとあったらな、と思うことがよくあります。

24 | 人と接するときに大事にしていることは？
まずは受け入れること。そして、相手の良いところを探します。

25 | 座右の銘は？
なんとかなる！

26 | 明日世界が終わるならなにをする？
毎日後悔がないように生きているつもりだから、特別なことはないと思う。

27 | どんなおばあちゃんになりたい？
いつもありがとうばかり言ってる、ニコニコしているおばあちゃん。

28 | 最近感動したことは？
書籍、自身のブランド『rihka』、雑誌などで、自分の名前が出るものがありがたいことに多いのですが、私以上に頑張ってくださるスタッフの皆さんにいつも感動しています。

29 | 好きな季節は？
すべて。しいて言うなら夏！

30 | 予定のない休日はなにする？
ベランダに椅子を買ったので、ゆっくりくつろぎながらコーヒーを飲みたい。

31 | 記憶に残っている料理は？
母の手料理。パエリア、フルーツタルト、スパイスの効いたミルクティー。

32 | 失敗は引きずるタイプ？
いい意味でも、悪い意味でもひと晩寝たらすぐに忘れます。

33 | 口ぐせは？
たしかに〜！

34 | 自分を動物に例えると？
絶対的に猫！

35 | 30年後の自分はなにしてると思う？
庭の大きな平屋に暮らしてる。もっと柔らかい自分になっていたいな。

36 | 恋愛のモットーは？
自分らしくいること！

37 | 一週間休みがあったらなにをする？
海や山など、空気の澄んだ自然の中で過ごしたいです。

38 | 忙しくても欠かさずしていることは？
しっかり寝ること！

39 | 年齢を重ねて良かったことは？
自分のことをますます知れる気がする。

40 | ヘアメイク以外でやってみたい仕事は？
自分を好きになれて、明日が楽しみになるお手伝いならなんでも！

41 | 好きな食べ物は？
しょうが、みょうが、大葉など薬味。甘いものとワインの組み合わせも好き。

42 | 今まで行った旅先でいちばん好きなところは？
屋久島。

43 | 好きな料理家は？
植松良枝さん、長尾智子さん、細川亜衣さん、サルボ恭子さん、松長絵菜さん、後藤しおりさん。

44 | よく行く店は？
「シュリ シュリ」(イタリアン)、「whole」、「edenworks bedroom」（どちらも花屋)、「茶亭 羽當」（喫茶店)。

45 | 通っている美容サロンは？
「THE BEAUTIFUL」（バストとヒップケア)、「LONGLEAGE」（ネイルケア)、「IGNITE YOGA」（ヨガ）など。

46 | 出没スポットは？
表参道界隈。

47 | 周りの友達はどんな人？
一生懸命生きている人が多いかも。

48 | 恋人へのプレゼントで覚えている物は？
物より頑張って作った料理や旅行かな。

49 | 素敵だなと思う男性は？
人と仕事と動物が好きな人。声が色っぽくて素敵な人にも惹かれます。

50 | いちばんの宝物は？
マド。

June / July / August

CHAPTER ④

Summer

眩しい太陽／
夕方なのにまだ明るいね
という会話／夜のテラス席／
夜風の気持ち良さ

June

Life

私らしくいられるおまじない。〝心のお守り〟を見つけよう

おまじない。幼い頃、誰もがしたことがあるだろう。よく車酔いをしていた私は、子ども雑誌で見たおまじないをしてから車に乗るようにしていた。そうすると、不思議なことに、酔わなかったのを覚えている。転んで擦りむいたときも、母が「痛いの痛いのとんで

いけ〜」と唱えてくれたら、心なしか痛みがましになった。「病は気から」という言葉があるように、人は気の持ちようでストレスを回避できることもあると思う。

　不安に押しつぶされそうになったり、緊張で心がこわばってしまいそうなとき、どうしようもなく心が弱ってしまったとき。そんなときは、気持ちを持ち直す手助けとなったり、リラックスさせてくれる、いわゆる〝心のお守り〟のようなアイテムがあるとすごく心強い。不安定にゆらゆらしたり、気分が沈んだ心を、**〝いつもの私〟に軌道修正してくれるものを持っているのといないのとでは、自分のパフォーマンスが大きく変わってくる。**人によって、レスキューが必要なタイミングはさまざま。ひと粒のチョコレートを食べるのもいいし、可愛い愛犬の写真を眺めるのもいい、手首につけたフレグランスの香りを嗅ぐのもいい。大人にもおまじないのような〝心のお守り〟が必要なのだ。いつだって私らしく笑って、私らしく振る舞いたいから。

　弱みがあることは、決して悪いことではない。解決とまではいかなくとも、緩和する術を知るたびに、少しずつ良くなっていくことだってある。私らしい私でいるために、〝心のお守り〟を楽しんで見つけてみよう。

自分の機嫌を自分でとれるようになれば、人は無敵になれる

「大人になったなぁ」と実感することのひとつは〝自分の機嫌を自分でとれるようになった〟こと。イメージしにくいかもしれないが、要は機嫌良く過ごすための工夫ができるようになったということ。けれど〝機嫌が良い〟くらいのレベルじゃ、周りからやってくる刺激にすぐに負けてしまう。でも〝ものすごく〟機嫌が良い状態だと、少しくらい嫌なことがあったとしてもまったく動じないのである。

思わず踊りだしたくなるようなハッピーな出来事が起きたと想像してほしい。例えば、朝起きたら自分史上最高に肌が綺麗で、やりたいと思っていた仕事の依頼が来て、気になっている男性からデートのお誘いメールが届いていた、とか。そんな朝は、通勤途中に電車が遅延したって、上司に嫌味を言われたって、予定が上手くまわらなくたって、「まぁこんなこともあるか！」と、軽く流せるのだ。〝ものすごく〟機嫌が良い状態って、想像以上のパワーを秘めている。もし、毎日が〝ものすごく〟機嫌が良い状態だと、周りの小さいことなんて、ちっとも気にならないはず。心にゆとりがたくさんあるから、穏やかな気持ちで他人《ひと》を見られるし、自ずと優しい言葉が溢れて、いつも通りに行動することができる。〝ものすごく〟機嫌の良い状態を経験したことがない人は、一度味わってみてほしい。「スーパーマリオ」でいうスターをとって無敵になったマリオみたいなあの感じ！**無敵＝幸せの膜を張ろう。**どのようにしてその状態を導くのかは、人によって違うだろう。「私の場合はどうだろう？」と、自分に問いかけ、そうなるように仕向けてみてほしい。もちろん、そんな簡単じゃないかもしれないが、仕向けるか仕向けないかでは、かなり変わっ

てくるはず。

素敵な大人の女性は、みんな自分の機嫌を自分で上手くとっている。「私、今すごく幸せ！」、心の底からそう感じられたら強い。自分の機嫌をとるコツさえ分かれば、人生が百倍楽しくなる。

June

Beauty

美しく健やかな女性を目指すための本格ケア

肌、体、髪。毎日のセルフケアだけではなく、時々はプロの手に委ねるようにしている。今通っているバストケアサロンは、とあるランジェリーの撮影がきっかけだった。モデルたちの磨き上げられた美しい体を目の当たりにした私は「こんなにもプロフェッショナルな体を作るのに、一体どれほどの努力をしているのだろう」と感心しながらも、「よし、私も頑張ってみよう！」と思い立ったのだ。怖いもの知らずで、ぐいぐいトライしていくのが私の性格だ。バストケア以外にも、ヨガやトレーニングなど、好奇心のままに体作りを始めてから、チャームポイントと思えるパーツをたくさん手に入れることができた。「キュッと上がった丸みのあるお尻で、ボディコンシャスなワンピースを着こなしたい」。そんな気持ちから始めたパーソナルトレーニングでは、健康美の知識もしっかり教わった。例えば、「スリーブレスの服をかっこ良く着たいから、肩のラインをシャープにしたい」と、トレーニングはもちろん日々の生活での意識も改めた。と同時に巻き肩が解消され、姿勢も良くなったのだ。「パーソナルトレーニング」や「バストケアサロン」なんて聞くと、「私にはちょっとハードルが高いかも」なんて感じる人もいるかもしれないが、健康と美容はすごく近いところにあって、切っても切り離せない関係なのだ。

チャームポイントが増えていくことは、精神衛生上も良いと思う。体だけでなく、心も発想もヘルシーでいたい。セルフケアだけだと、間違ったケアを続けていることもあるかもしれないし、どうしても自己流になってしまう。プロに見てもらうことで、新しい発想や知識が自分の引き出しに加わっていく。その貴重な経験と時間が、日々のセルフケアの質を一段も二段も底上げしてくれる。いつだって健やかな女性でいたいと願っている。そのためには、プロの手に身を委ねることもとても大切なことなのだ。

いつも会う人も、ずっと会わない人も、友達は友達

ふと、友達との関係について考えることがあった。友達といってもいろいろで、しょっちゅう会っていたのに、すっかり会わなくなったり、長いこと顔見知り程度の付き合いだったのが、急に仲良くなったりすることもある。後者の方が、なんとなくポジティブな感じがして、良い関係のように思えるかもしれない。

今まで頻繁に会っていたのに、会わなくなった友達。なにか些細なきっかけがあったのかもしれない。一方で、ネガティブなことでは決してないが、まったくなにもないのに、ただなんとなく会わない（合わない）という場合もある。誰でも趣味嗜好は移り変わっていくし、仕事で新しいことに挑戦することもある。だから自分にとっての心地よさや、話したい内容、興味のあることはいつまでも同じではない。すると、自ずと付き合う人も変わってくるのだと思う。それは当然のことだから、無理をする必要はない。前より会う頻

度がぐんと減っても友達には変わりないし、嫌いになったわけでもない。またお互いが会いたくなったときに自然と連絡をとり合えば良いのだ。

　私も小学生のときからの友達がいて、社会人になりたての頃まではよく会っていた。そのあとなんとなく会わない時期があり、30代になるとまた会うようになった。そうして今度は、私が上京したうえ、彼女はＳＮＳをやっていないので近況も分からず、連絡をとり合うこともかなり減った。そして今はというと、Ｚｏｏｍでお茶を3時間（長い！）もする仲だ。

　友達との関係は、本当に縁とタイミングなのだと思う。私の場合、ただなんとなくお互いのコミュニティーが変わったゆえに会わない時期があっただけなのだけれど、もし些細なきっかけがあって違和感を覚えるのなら、無理して会わなくて良いと思う。嫌なところばかり目についてしまったり、気が重くなるのであれば、一旦距離を置いて、また自然に会いたくなったり、気持ちが落ち着いてから会えば良いのだ。そのときはきっと心から楽しい時間を過ごせるはず。友達は選んでも良い。その方がお互いの心を擦り減らさずに済むと思うから。自分の時間も、相手の時間も大切にしよう。そうして、自分の違和感や気持ちを信じ、いろんな選択をしていけば良い。

July

Life

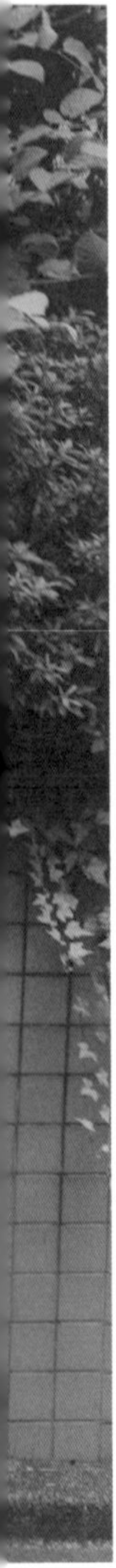

夏と仲良くなって〝楽しい〟の連鎖を引き寄せよう

1年の中でもとくに夏が好きだ。長年一緒に過ごしている友人や仕事仲間たちからは、「今年も未来さんの季節が来たね」なんて言われるほど。日の出が早くて、日の入りも遅い。ラフな格好で過ごせるからフットワークが軽くなるし、夜にテラスで食事をするのも気持ちが良い。夏好きとしては、良いところをいくつでも挙げられるのだが、「日焼けするから嫌だ」という声もかなり多い。日焼けやシミ、乾燥など、紫外線によるデメリットに目を向けすぎて外出を控えたり、日焼けしたくない気持ちを優先して、着てみたい服をあきらめるのはもったいないと思う。もちろん、私も多少の日焼けは構わないけれど、紫外線による肌へのダメージはできる限り防ぎたい。そんなワガママに応えてくれるケアアイテムを知っていると、なにより心が軽い。「太陽の光を浴びたい」という自分の気持ちに素直に行動できるからだ。たとえデメリットがあったとしても、好きなこと、気になることなど、心が動く方を優先する自分でいたい。そのかわり、きちんと楽しみながらできるアフターケアをする。紫外線の話だけじゃない。何事も上手くデメリットをフォローしながら進めれば良い。肩の力を抜いて、自分にとっての心地よいベストやベターを見つけたい。

夏と仲良くなれたら、人生に〝楽しい時間〟が増える。訪れる季節をいつも「待ち遠

しい！」と思い、巡ってくる季節を思い切り楽しく過ごせたら、どれほど幸せだろう。そう、人生は楽しんだもの勝ち。なんでも「おもしろい！」、「ワクワクする！」と思える人の周りには、楽しい人や物事が集まってくる。**幸運というのは人から運ばれてくるもの。〝楽しい〟の連鎖が起こるのだ。**

July

Life

体と向き合うことが、健やかな生涯へとリンクする

数十年後の私にも、今の心にも、繋がっている体。最近「体って素直で正直だなぁ」と、しみじみ思うことがある。それは、体について真剣に考え出したのと同時に、ボディケアのプロたちに、メンテナンスをお願いする機会を増やしたからかもしれない。例えば、デンタルクリニックとスキンケアクリニックで、「歯の食いしばりがありますね」と言われたと思えば、ボディトリートメントサロンとトレーニングジムでは、「肋骨が開き気味」だと指摘されたり。それぞれ違う目的で通っているのに、改善ポイントは同じだったりするからおもしろい。そんなことが続くと、普段からセルフケアに気を遣《つか》っていても、新たに気付かされることがたくさん出てきた。

先日、日本人の平均寿命が延びているという話を聞いた。私がおばあちゃんになる頃には、１００歳を超える高齢者が珍しくないそう。いくつになっても、自分の歯で噛み、自分の脚で歩いて元気でいたい。今はまだ年齢的に若いから、〝なんでも自分でできる〟ことが当たり前で、特別なことだと感じるのは難しい。けれど、私たちが１００歳を迎えるときには、きっと誰もが〝なんでも自分でできる〟状況ではないはずだ。

以前コスメブランドの講習会で聞いたのだが、フィンランドでは、〝生涯自分の足で歩く〟ということが全体的に広がっているという。そのため、むくみで歩けなくならないようにと、リンパマッサージを積極的に取り入れているらしい。しかも高齢者の場合は、フットケアのあと、ささくれがシーツなどに引っかからないようコーティングするために、男性には透明のトップコートを、女性には赤いペディキュアを塗ってあげることもあるそう（な

んて素敵！）。

清潔を保つために歯のクリーニングに行くこと、美肌のためや、病気にかからないように、体が喜ぶ食べ物を取り入れること、スタイルアップのためにトレーニングをすること。「いつまでも綺麗でいたい」と、日々行うボディケアが、健康寿命を延ばすことにリンクする。なんてすごいエネルギーなんだろう。そう思うと、自分を慈しむことがますます愛おしく思えてくる。そんな心持ちは、〝今日の私〟を美しくしてくれるだけではなく、〝数十年後の私〟を元気に過ごせるよう導くこと。**自分の体を労《いたわ》ることは、健康にも美容にも、そして心にもプラスの影響を与える。**美しくあることを願いながらとる行動が、何十年も先の健康な体や心に繋がっているのだ。

July

Fashion

水着は、自分の中の〝女〟を目覚めさせる

「水着はもう何年も着ていない」。そんな声をよく聞く。水着を着ないなんてもったいない！　着た方が〝絶対〟楽しいに決まってる。盆踊りを眺めるより、輪に入って踊った方が楽しいし、恋愛漫画を読むより、実際に恋をしているときの方が楽しい。それくらいに〝絶対〟だ。「あと３ｋｇ痩せたら着る！」なんて言っていたら今年の夏は終わってしまうし、来年もきっと着ないだろう。少しお腹がまるくたって、太ももが大きくたって（私のこと……）、楽しんで着こなしてみれば、案外かっこ良く着られるもの。洋服を着るように水着も楽しむ。水着の上から羽織るガウンや、つばの広い麦わら帽子、水辺に合うバッグとサンダル。水着にトライすることでおしゃれの幅が広がって、夏の楽しみがぐんと増える。暑い、暑いと言っているうちに、夏は一瞬で私たちの前を過ぎ去っていく。

　それにいざ水着を着る予定ができると、食事に気を遣《つか》ったり、半身浴をしてみたり、ボディケアを復活させたり……。そうやって、なんだかんだ足掻《あが》くのだ。この〝最後の悪足掻き〟が、意外と「女がいつまでも女でいたい」と踏ん張る人生の分岐点だったりする。夏に水着を着ることを続けていれば、いつまでも綺麗で、自分の体を好きでいられる気がする。水着を着ることを自分の中の〝女〟を目覚めさせるために利用すればいい。そう思うと、水着って、着ることでうんと綺麗になれる魔法のファッションのよう。「綺麗になりたい！」と思っているときって、なんだか女性にとって調子の良いときのような気がする。水着を着るとか、ここへ行く、この人に会う、という、周りには気付かれない**自分だけの〝スペシャルイベント〟をたくさん持っている女性は粋《いき》**だし、なにより、そうやってテンションを自分で誘導できるのも大人の女性の嗜《たしな》みだと思う。

July

Love

結婚について思うこと

　結婚観や恋愛観について聞かれることが、この年齢になると度々訪れる。私は、昔から「なにがなんでも結婚したい！」とは思っていないし、とくに「結婚したくない！」とも思わない。もしこのまま結婚しなかったとしたら、それはそれで、私にとってのベストな人生だと思っている。今30代半ばで未婚であることに、とくになにも思っていないのが正直なところ。いつだって、私は私のベストを過ごしていると思っているから、結婚もなるようになるんじゃないかと思っている。

　私の両親はとても仲が良く、母からは、父がこんな優しい気遣いをしてくれたとか、会うと話してくれたりＬＩＮＥがきたりする（笑）。父も、私が趣味を尋ねると、「お母さんと一緒に散歩すること」なんて答えたりする。私は思春期も、父のことを毛嫌いしたことはなかった。どちらかというとパパっ子（喋り方が似ているとよく言われるくらい）だったのは、父の温厚な性格もあるけれど、母が父の悪口を私にひとつも言わなかったからだと思う。そんな二人を見ていると、人生が豊かになるようなパートナーがいるって、とても幸せなことだなぁとつくづく思う。

　だから、結婚をしていつか子どもができたなら、旦那さんの悪口を子どもには絶対言わないと決めている。それは母の背中を見て学んだ、人としての在り方。そして、お互いが尊重し合い、それぞれがそれぞれらしく過ごしてきた両親の姿が、私の結婚の理想なのかもしれない。けれど、結婚は決してゴールではない。ただ、変化ではあると思う。どんな人生をこれから歩んでいくのか分からないけれど、今の自分を愛して、楽しんで過ごせた

ら、5年後、10年後、結婚していてもしていなかったとしても、子どもがいてもいなくても、今と変わらずハッピーでいられると思う。自分でも、この先の変化が楽しみだし、その変化を楽しんで生きていきたい。**私は私、人は人。人生にもいろんな形がある。**それがどんな形であれ、幸せを感じられる人でいたいと思う。

〝好き〟じゃなくていい。〝好きかも〟をたくさん集めよう

人生の大半は、自分の選択からできている。例えば、仕事やパートナー選び、住む場所。さらに細かく言うと、今夜バスタブに入れる入浴剤や明日のランチ、ペディキュアの色だってそう。ヒト、モノ、コト、時間の使い方を、ありがたいことに私たちは選ぶことができる。それならば、できる限り〝好き〟を選びたい。

〝好き〟が見つからないなら〝好きかも〟で十分。もしかすると、〝好き〟より、とっても好きになる可能性を秘めている気がするから。その、好き〝かも〟は、なんとなく心の声のような気がする。〝好きかも〟を集める習慣がつくと、好きなモノ・コトが集まってくるし、好きなヒトも集まってくる。嬉しい出来事が、不思議と向こうから勝手にやってくるのだ。いつも好きなモノを身に纏《まと》って、好きな仕事をして（仕事をまるごと好きになれなくても、数ある作業の中で〝好きかも〟を見つけるだけで良い）、好きなヒトたちに会って、好きなコト＝趣味に没頭して……。そうしていると、表情も自然と明るくなるし、なにより人のせいにしなくなる。なぜなら、すべて自分の選択で成り立っていることを知っているから。

10秒前に選んだこともあれば、15年前に選んだこともあるだろう。過去の自分が選んだこと、その集合体が今の自分。「なんだか心地よいかも」、「なんとなく好きかも」を集めた人生はときめきに満ちている。**〝好き〟に理由も知識も、誰かの許可もいらない。私が、私の〝好き〟を認めてあげるだけ。**〝好きかも〟のアンテナを張り巡らせて、ひとつでも多くの〝好き〟に囲まれた人生を送れますように。

年齢を重ねる楽しさを知る

年齢を重ねるたびに賢くなるし、優しくなるし、綺麗になる。素直になるし、自分らしくなる。たくさんのことを経験して、いい女になっていく。20代の頃よりも、30代の〝今の自分〟が好き。というより、マシである（笑）。「20代の頃に時間を戻してあげる」なんて言われてもごめんだ。なぜなら、今の方が20代の頃よりも百倍楽しいし、自由だから。40代になったときも、同じことを思っていたい。

年齢を重ねないと出せない色っぽさがある。大人の女性らしい体つきが持つ美しさによるものでもあるけれど、色っぽさは、品格なくして生まれないと思う。その品格を纏《まと》うには、経験が必要なのだ。年齢とともに経験を積みながら、品格を身につけていきたい。そして、自分よりも若い世代の女性たちに、「30代って楽しいよ！」と伝えたいし、40代、50代になってもずっとそう言える大人でありたいと思う。

自分を大切にしながら年月を過ごしていくと、自然と自分のことが分かってくるもの。いろんなファッションに挑戦するうちに、自分に似合うものが分かってくるように、体つきのことも分かってくる。昔のように、**誰かに憧れることはなくなり、生まれ持った骨格を生かせるようになりたいと願うようになる。**これは、私が30代になってから得た大きなマインドの変化。自分のことをいつまでも認めない女性に他人《ひと》は色気を感じないもの。自分のことを好きになっていくこと。それはとても色っぽいことだと思う。

年齢をただ重ねれば良いというわけではない。日々、出会う人や起こる出来事から、いろんなことを学びたいという姿勢で過ごし、いつまでも自分らしい美しさを纏いたいと努

力をし、人に優しく、ありのまま生きていく。この先、放っておいても貫禄が出てしまうから、心が純粋になっていけば、ちょうどバランスがとれる気がする。今年の私は、去年の私より私らしい1年が過ごせるだろう。こうして、私との付き合いがまた1年長くなる。年齢を重ねるというのは、そういうことではないだろうか。

August

Life

気付きを与えてくれる〝旅〟は人生を豊かにする

20代の頃よく旅をした。アジア、ヨーロッパ、アメリカ、国内も。二人のときもあれば、大人数だったり、一人のことも。振り返ってとくに学びが大きかったのは、女友達との二人旅と一人旅。

二人旅は相手と朝から晩まで一緒にいるから、人間性がいつもより顕著に表れる。相手のことを思いやったり、してくれたことに感謝し、伝わらなければ、気持ちいい旅にはならない。そして、譲る気持ちも必要。我《が》が出てしまう気持ちも分かるけれど、一緒に行ってくれる友達がいること自体が幸せ、というスタンスでいようと思っている。そうすると、自ずといろんなことに気付けるし、「ありがとう」を伝えることができる。見たことのない景色や美味しい料理だって、一緒に過ごす友達との間に優しい空気が流れていたら、特別さが増すはず。帰りの飛行機で、「一緒に旅ができて、本当に良かった！」。そう思える旅にしたい。

一人旅は、現地の人と会話をすることもあるけれど、基本的には一人なので、考える時間が増える。そして、体調がよくて良かった、旅に行けるお金があって良かった、旅から帰る家があって良かったと、いろんなことのありがたみに気付く。それを、以前屋久島に行ったときに強く感じた。1年のうち３６６日（！）雨が降ると言われ、美しい苔の森が有名な島。片道5時間もかけて歩いて向かった縄文杉は、樹齢が何年だかわからない、いわゆるパワースポットと言われている大木だ。けれど、ようやく辿りついた大木を目の前にしても、涙が流れるわけでもなく、溢れんばかりの感動が湧くわけでもなかった。ただ、

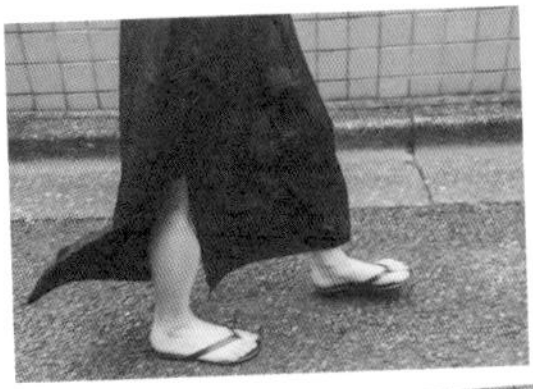

そこへ行く道中に、いろいろと考える時間が与えられたことはとても貴重だった。自分の周りには感謝することがたくさんあって、いかに恵まれているかということに気付くことができた。パワースポットとは、ぱっと行って「はい、パワーもらえた！」というものではないと思う。いつだって、優しい気持ちで、足るを知り、周りに感謝して、「ありがたいなぁ」と心の底からじんわりと思っていれば、自分の中にパワースポットは作れるのかもしれない。

誰かと行く旅も、一人で歩く旅もどちらも違った魅力はあるけれど、共通して言えるのは、旅をすることで新たな経験をするということ。**旅は、人生にとてもよく似ている。**新しい経験をすることが人間性を豊かにし、私たちを大人にしてくれる。そうして旅をするたびに、学びが増えていく。

私らしく生きる

私らしく生きること。それは、自分の心に違和感がないこと、自分は他の誰でもない唯一無二の存在であると感じること、自分を信じて生きることなのかなと思う。私がどう生きようと私であることには変わりはないが、自分に嘘をついたり、自分を否定していては、姿は自分でも、中身はなにかに乗っ取られてしまったような空虚感があるように思う。

自分の気持ちにも体にも正直に生きる。今の自分はなにに興味があって、なにをしているときが楽しくて、どんなときに気持ちが安らいで、どんな人に惹かれて、どんな人になっていきたいのか――。慌ただしい毎日を過ごす中、目の前のタスクに追われて頑張っている人も多いのではないだろうか。頑張ることは良いことだけれど、自分を見失わないで。**自分の意図を持たずに日々を過ごすことは、出口のない迷路を彷徨《さまよ》うことに近い。**人生は一度きり。今年の私も、今日という日も、今という瞬間も一度きり。私の大切な人生。当たり前だけれど、いつだって自分の人生の主役は自分であることを忘れてはならない。

いつか訪れる最期のとき、自分の人生を振り返ってなにを思うだろう。自分らしく過ごせていたなら、きっと悔いはないはず。

足るを知る。いつも応援してくれる人、信じてくれている人、気にかけてくれる人、好きでいてくれている人が、あなたにはきっといるはずだ。そんな、愛おしい人たちが味方なのに、自分が自分を信じなくてどうする。みんな特別な存在であって、希望に満ちている。そのことを深く心得て、前に進んでいこう。あなたはあなたの思うように歩けば良い。きっと明るい明日が待っているから。

おわりに

2020年、今年は歴史に残る年になりました。

世界中のみんなが一人残らず時代が変わる瞬間に立ち会っているような気がしました。

物や情報が溢れすぎているがゆえに、悩みの種類や考えることも変化してきたように思います。そして、なにをもって豊かなのかということも改めて考えさせられたのではないでしょうか。

本書では持論を語らせていただきましたが、私もまだまだひよっこで、日々葛藤しながら生きています。自分で言うのもなんですが、本当に運とタイミングで生きている気がしているくらいです。

でも、もし私の考え方や捉え方や失敗談や経験が、誰かにとっての心の処方箋のように、

息がつまるくらい辛いときはこのページを読もう、

いつもの優しい自分でいられないときはこのページを読もう、

一週間の始まりはこのページを読もう、

なにかに挑戦したくなったらこのページを読もう。

そんな風に、自分にとって都合の良いようにオリジナリティー溢れる使い方をしていただければとても嬉しいです。

私が書籍を出版することができたのは、いつも応援してくださる皆さんがいたからです。

友人や家族、仕事仲間はもちろん、SNSを通して、お会いしたことがない間柄でも、こうして支え合いながら生きていける今の時代、捨てたもんじゃないなぁと思います。

そして本書制作にあたり、〝私らしく〟制作を進めるがゆえに、遠回りもしたし時間もかかってしまったのですが、終始意思を尊重してくださった編集の中村さん、Ｗｅｂ連載のときから二人三脚で頑張ってくださった大森さん、初めての書籍で右も左もわからない私を導いてくださったデザイナーの福田さん、マド（愛猫）の心まで開かせ、素敵な写真を撮り下ろしてくれたフォトグラファーの東くん、いつも気付きをくれる、身も心もチャーミングなモデルのｃｕｍｉ（空美）、私の大切なものたちを想像以上に素敵に描いてくれたイラストレーターのちひろさん、衣装協力をしてくださった方々、携わってくださった方々、本当にありがとうございました。

みんなと一緒に初めての書籍を作れたこと、私はなんて幸せものなんだろうと思います。そんな幸せな気持ちを筆にのせました。

皆さんのお手元に書籍とともに、そんな幸せの余韻が届きますように。

そして世界平和と、皆さんのこれからの人生が自分らしく過ごせることを願って。

２０２０年　夏　松田未来

※本書はウェブサイト「ＨＯＬＩＣＳ」の連載に加筆し、再編集したものです。

文＆ヘアメイク／松田未来

撮影／東京祐（モデル）、大塚光夫（静物・P66~69）

モデル／空美

イラスト／よしいちひろ

デザイン／福田治郎

校正／谷田和夫

構成／大森奈奈

編集／中村陽子（双葉社）

衣装協力／ CASA FLINE、Chiyono Anne、
JUN MIKAMI（CEMENT showroom）、
AMOMENTO、MAISON CHANTOISE（ともに SHOWROOM233）

私《わたし》が私《わたし》らしく生《い》きる美学《びがく》

2020 年 9 月 13 日　第 1 刷発行
2023 年 7 月 6 日　第 6 刷発行

著者　松田未来《まつだみらい》

発行者　島野浩二
発行所　株式会社 双葉社
〒162-8540 東京都新宿区東五軒町 3 番 28 号
☎ 03-5261-4818(営業)03-5261-4835(編集)
http://www.futabasha.co.jp/
(双葉社の書籍・コミック・ムックが買えます)
印刷所　大日本印刷株式会社

ISBN978-4-575-31570-7 C0095